Kad sam putovala sama

Istinite priče iz 1960-ih

Mary Snell

DHAP

Društvo hrvatskih
književnih prevoditelja

Kad sam putovala sama

Istinite priče iz 1960-ih

Mary Snell

S engleskoga preveli: Adriana Turkalj, Sofija Župarić,
Marin Grgantov, Ivana Kalac, Jelena Mihalj, Ivana Obućina,
Nikolina Vujnović, Nina Čupić, Dragana Nikšić, Ena Pibinger
i Bukurije Aliti

Prijevod uredio: Kristijan Nikolić

DHAP

Društvo hrvatskih
audiovizualnih prevoditelja.

Mary Snell-Hornby
KAD SAM PUTOVALA SAMA
Istinite priče iz 1960-ih

© Mary Snell-Hornby

Naslov originala: MY TRAVELS ALONE. True stories from 1960s

S engleskoga preveli: Adriana Turkalj, Sofija Županić, Marin Grgantov, Ivana Kalac, Jelena Mihalj, Ivana Obućina, Nikolina Vujnović, Nina Čupić, Dragana Nikšić, Ena Pibinger i Bukurije Aliti
Prijevod uredio: Kristijan Nikolić
Lektorirala: Senka Sučević
Typesetting: Rok Predan
Cover-design: Jürgen F. Schopp

Fotografija s naslovnice prikazuje autoricu pri polasku iz Esquipulasa iz Gvatemale u listopadu 1966. Fotografija na stražnjoj korici knjige snimljena je u Tampereu u svibnju 2010., a snimila ju je Maija Hirvonen.

Izdavač: Društvo hrvatskih audiovizualnih prevoditelja
Vincenta iz Kastva 1, 10000 Zagreb, Hrvatska
Tel. 00385 1 3014 944
Email: dhap@dhap.hr
www.dhap.hr

Tiskano i uvezano u Hrvatskoj.
Naklada: 50
Cijena: 95 kn

CIP - Kataloškii zapis o publikaciji
Nacionalna i sveučilišta knjižnica, Zagreb

000866177

SNELL-Hornby, Mary
    Kad sam putovala sama : istinite priče iz 1960-ih / Mary Snell ; [s engleskoga preveli Kristijan Nikolić ... et al.]. - Zagreb : Društvo hrvatskih audiovizualnih prevoditelja, 2013.

Prijevod djela: My travels alone

ISBN 978-953-57730-1-6

Sadržaj

Predgovor:
Kao objašnjenje

A ktivnost islandskoga vulkana Eyjafjallajökulla u proljeće 2010. neće zaboraviti oni koji su tada ovisili o zračnom prijevozu. U travnju je dio zračnoga prometa potpuno prekinut, tisuće ljudi danima su bile zaglavljene u zračnim lukama u sjevernoj i srednjoj Europi i strahovalo se da će takvo stanje potrajati tjednima ili čak mjesecima. Budući da sam u svibnju trebala letjeti u Finsku kako bih primila počasni doktorat Sveučilišta u Tampereu, bila sam više nego zabrinuta jer mi je bila nepodnošljiva misao da ću uzaludno danima čekati u nekoj zračnoj luci dok se svečanost dodjele održava bez mene. Nisam na svečanost željela doći samo zbog izvanredne časti već zato što je svečanost dodjele počasnoga doktorata u Tampereu jedinstveno iskustvo. Svečanost traje tri dana i prepuna je događaja stare akademske raskoši, od nevjerojatno strogih pravila o svečanoj večernjoj odjeći kako bi sve bilo primjereno ceremoniji, preko uručivanja doktorskoga mača i kape, simbolična oštrenja mača do velikog banketa i bala te povorke sveučilišnih uglednika sa svim doktorskim kandidatima (a bilo ih je otprilike stotinu, uz osam počasnih doktorata) od Sveučilišta do katedrale, gdje se trebala održati misa zahvalnica. Bio je to događaj koji nisam željela propustiti ni pod koju cijenu pa sam, iako mi je Sveučilište u Tampereu poslalo avionsku kartu, za nepredviđene događaje imala i plan B – InterRailovu kartu za putovanje vlakom kroz Njemačku i Dansku do Stockholma i noćnoga trajekta do Turkua sa zadnjom kratkom vožnjom vlakom do Tamperea. Za taj treći tjedan u svibnju bilo je najavljeno otkazivanje letova zbog vulkanskoga pepela i ja sam odlučila do odredišta stići realizirajući plan B.

Iz Beča sam krenula poslijepodne, a kada sam prolazila kroz onaj dramatični dio u Passau gdje Inn susreće Dunav i onda u zoru gledala izlazak Sunca iznad Elbe u Hamburgu, projedrila pokraj zelenih livada Jutlanda te pokraj beskrajnih jezera i cvatućih voćnjaka Švedske i zadivljeno gledala u mnoštvo otoka između Stockholma i Turkua kroz nordijsku ljetnu noć koja kao da nikada nije izgubila svjetlo, prisjetila sam se svojih pustolovnih putovanja kroz različite dijelove svijeta u šezdesetim godinama prošloga stoljeća. Prije današnjega masovnog turizma, u vrijeme kada je letjeti avionom bilo luksuz i užitak, a većina je putovala kopnom i morem. Tada sam se sjetila da postoji rukopis *Kad sam putovala sama,* koji sam napisala 1970. u Münchenu, ali sam zbog vrlo nesigurne financijske situacije i neizvjesne akademske budućnosti bila zaokupljena drugim stvarima i nisam imala vremena potražiti izdavača. Usto, pomalo sam sumnjala bih li uopće našla koga.

Kad sam se vratila iz Tamperea, koji je, blagoslovljen ranim ljetnim suncem, nadmašio sva moja očekivanja, našla sam svoj rukopis već požutio od starosti. Listajući ga, ponovno sam proživljavala događaje iz svoje mladosti: 1965. u New Delhiju, kada sam svjedočila izbijanju rata između Indije i Pakistana; potom 1966., kada sam morala prijeći granicu između Gvatemale i Hondurasa na konju; 1967. noćila sam u *losmenu* na Baliju i putovala motociklom oko vulkana i u okolna skrivena sela, a 1969. popela se na Adamov vrh[3] na budističkom hodočašću. Toliko se toga promijenilo od tada: istočni Pakistan postao je Bangladeš, Cejlon Šri Lanka, imena indijskih gradova također su se promijenila, ali povrh svega, Indija je postala rastuće tržište i na puno načina posve drukčiji svijet od onoga koji sam doživjela šezdesetih godina prošloga stoljeća. No nas danas muče i drugi problemi (zloslutna predviđanja koja sam čula u Saudijskoj Arabiji godinu prije Šestodnevnoga rata), premda se u cijelosti mnogo toga sada može doimati drukčijim: u doba globalizacije, masovnog turizama, medijske sveprisutnosti i duha fanatičnog fundamentalizma tadašnji doživljaji danas su neponovljivi.

---

[3] Sri Pada

Pomisao da možda postoje čitatelji koji bi voljeli znati kakve su bile daleke zemlje u to vrijeme i kako je mlada žena mogla putovati sama, potaknula me da digitaliziram rukopis i objavim ga s dijelom fotografija snimljenih mojim pouzdanim fotoaparatom marke Agfa Optima. Tekst nisam mijenjala (osim ako sam naišla na kakvu pogrešku ili ubacila poneku riječ da bih čitatelju iz 2011. razjasnila kontekst) i ostao je, sa svim manama, djelo toga vremena (danas mislim da bih u nekim situacijama drukčije postupila). Trebao bi biti razumljiv bez dodatnih objašnjenja, osim možda u prologu. Zbor koji se spominje renesansna je skupina Sveučilišta u St. Andrewsu, koji je bio na turneji u Francuskoj i Italiji 1962., a incident sa savijenim kišobranom dogodio se 1957., kada sam kao školarka tijekom praznika putovala u Pariz na tečaj francuskoga. Sve to ispripovijedala sam mnogo kasnije, 1970., skupini uglednih Amerikanaca u Münchenu (zato postoji referenca na „potpredsjednicu") i oni su me nagovorili da zabilježim svoja iskustva i objavim ih. I tako je nastao rukopis *Kad sam putovala sama,* koji se temeljio na detaljnim dnevnicima što sam ih pisala tijekom putovanja 1965., 1966., 1967., 1969. i 1970. i slala ih kao pisma prijateljici u München, a ona mi ih je poslala natrag kada sam se vratila. No vrijeme pripovijedanja je 1970. godina.

Gledajući iz današnje perspektive, moji opisi čine se nevjerojatno bezbrižnima, čak lakomislenima: u doba terorizma, fundamentalizma, klimatskih promjena i dramatičnih prirodnih katastrofa prizemniji smo, sumnjičaviji i kritičniji. Dakako da je i šezdesetih godina prošloga stoljeća bilo problema: željezna zavjesa i Hladni rat (opisala sam drugdje[4] svoja iskustva u zemljama istočne Europe) te rat u Vijetnamu. No sve to ipak nije umanjilo opći duh optimizma tih godina i bilo je lijepo u to doba biti mlad, barem u zapadnoj Europi: mnoge se pojave danas možda zbog sveprisutnosti medija smatraju neposrednom prijetnjom, no tada se činilo da su kilometrima udaljene ili se uopće nisu primjećivale.

Nastavila sam putovati i nakon što je napisan ovaj rukopis. Vrhunac 1970-ih obilježilo je nezaboravno putovanje na brodu „Gali-

---

[4] Ovo i komentari putovanja u 1990-ima mogu se vidjeti u mojoj zbirci eseja i predavanja u *Translationqissenschaft in Wendezeiten. Ausgewählte Beiträge zwischen 1989 und 2007,* ed. Mira Kadrić i Jürgen F. Schopp, Tübingen: Stauffenburg (2008).

leo Galilei" iz Sydneyja do Genove preko Tahitija, Acapulca, Paname i Lisabona (jednostavno, jeftino putovanje brodom, za razliku od današnjih luksuznih krstarenja). Prethodilo mu je manje nezaboravno, ali vrlo poučno iskustvo koje je donijelo otrežnjenje, a riječ je vremenu kada sam podučavala njemački na južnoafričkom sveučilištu za mračnoga doba apartheida. Mnogo poslije, nakon pada Berlinskoga zida, odlazila sam na divne predavačke turneje u novim demokracijama srednje i istočne Europe: u Poljsku, Litvu, Mađarsku, Češku, Rumunjsku i Sloveniju. To je razlog zašto sam vrlo sretna što je ova knjižica objavljena u Ljubljani i dužna sam zahvaliti Dušanki Zabukovec na njezinu brzu radu i suradnji te Martini Ožbot za neprocjenjivu potporu tijekom prvoga kontakta, za čitanje prvih verzija i pomoć u izdavanju. Najiskrenija zahvala i Jürgenu Schoppu, koji je od jednostavne fotografije stvorio korice ove knjige.

Prva ovdje opisana putovanja ovisila su o tanahnu budžetu ušteđenom od nevelike lektorske plaće u Münchenu, skromna položaja koji me barem odriješio dužnosti tijekom Uskrsa i ljetnih praznika i ostavio mi vremena za ova putovanja. S druge strane, moje putovanje u Tampere u svibnju 2010. bilo je vrh luksuza jer sam dobila karte za prvu klasu u noćnim spavaćim kabinama, a financirao ga je Fakultet suvremenih jezika i znanosti o prevođenju Sveučilišta u Tampereu. Htjela bih iskreno zahvaliti svim kolegama na njihovoj velikodušnosti. No želim zahvaliti i svim ljudima koji su spomenuti na sljedećim stranicama, bilo poimence, inicijalima ili tek opisom (s nekima od njih kontaktiram već jako dugo) te svima koji su mi pomogli u mojim pothvatima ljubaznošću i gostoljubivošću. Veliko je zadovoljstvo što ova knjiga sve to može zabilježiti za šire čitateljstvo nakon tako mnogo godina.

Beč, srpanj 2011.
Mary Snell-Hornby

Prolog:
Kako mi je svinut kišobran

Putujem sama iz principa i to od svoje 21. godine. Pretpostavljam da svatko doživi kakvu čudnu malu avantura svako toliko, ali, kao što vidite, ja sam ih preživjela sve. Zapravo, malo uzbuđenja tu i tamo može samo dodatno začiniti putovanje svijetom i dati dovoljno materijala za razgovor za stolom, poslije večere ili za predavanja tijekom nekoliko sljedećih godina. Posljednji put kada sam s nekim putovala bila sam još studentica. Putovali smo autobusom od Škotske do Napulja na takozvanoj turneji po Francuskoj i Italiji. Ne, nismo bili bitnici. Naprotiv, izvodili smo uzvišenu polifonu vjersku glazbu šesnaestoga stoljeća. Svečanost naše glazbe bila je dio našega šarma. Organizirao nas je Odsjek za hispanistiku, a profesor je bio jedan od naših najboljih basova. Zvali smo ga Ferdy i dobio je posao tako što je napisao molbu na toaletnom papiru u jeftinom španjolskom baru. Barem nam je tako uvijek govorio. Autobus je bio posve nov kada smo otputovali iz Škotske, a pokvario se nakon prvih stotinu kilometara. Potom je opet zaglavio u jarku u Toskani pa smo svi morali pomoći izgurati ga, ali inače uopće nije bilo problema s njim. Pjevali smo u katedrali u Chartresu, na Sveučilištu u Toulouseu, u nekom prilično običnom klubu u Nici, u sirotištu u Pisi, u British Councilu u Rimu, u baroknoj vili u Napulju, u samostanu u Assisiju i na Markovu trgu u Veneciji, ali i na mnogim drugim manje slavnim mjestima čija sam imena zaboravila. A naše senzacionalno postignuće bila je Venecija.

Neki ljudi očito nikada prije nisu čuli polifonu glazbu šesnaestoga stoljeća, a zasigurno ne onu koju izvodi nekolicina duhom odsutnih pojedinaca odjevenih u crvene studentske toge srednjovjekovna izgleda. Vidite, većinu ljudi u Veneciji u to vrijeme činili su turisti. I sudeći prema kolekciji fotoaparata koju smo imali priliku vidjeti u njihovim rukama, lako ste ih mogli pobrkati s novinarima. U svakome slučaju, svi smo bili vrlo polaskani, iako naša izvedba nije bila nešto posebno. U Veneciji sam napustila grupu i zaputila se sama u Beč kako bih proslavila rođendan s prijateljima i provela malo vremena sama sa sobom. I od tada više nisam putovala s nekom skupinom.

Tijekom godina bila sam na nekoliko samostalnih izleta, no ubrzo sam shvatila da se čovjek sam mora braniti u životu, katkad i prilično energično. Dopustite mi da vam ispripovjedim priču o tome kako se savinuo moj kišobran. Dogodilo se to za običnog prelaska La Manchea, između Dovera i Oostendea. More je bilo uzburkano, prolazak kroz carinu spor, brod krcat i jedino što se moglo kupiti za jelo bili su sendviči. Vi Amerikanci jednostavno ne znate što propuštate kada posvuda putujete zrakoplovom. Imala sam gdje leći; mislim da sam čak i kao sedamnaestogodišnjakinja bila vrlo domišljata pa sam često rezervirala stvari unaprijed. Službeni naziv onoga što sam rezervirala bio je „krevet u kabini", ali pokazalo se da je riječ o madracu u golemoj sobi koju dijelite sa šezdesetero ljudi. Sjećam se da se djeci nije nazirao kraj, a sva su ili jela ili plakala ili bila bolesna. Iz nekog razloga presvukla sam se u pidžamu (možda zbog toga jer sam bila pristojno odgojena i taj je postupak bio sastavni dio odlaska u krevet). I tako sam s golemom nelagodom ležala na madracu u svojoj crvenoj pidžami. Odjednom je naišao brodski konobar koji je prodavao viskije i francuske parfeme iz *duty free* trgovine. Nikada nisam bila ljubiteljica viskija, a nisam ga imala ni kome kupiti, no uspjela sam naći u torbici mjesta za jednu parfemsku vodicu. Konobar, koji je bio Belgijac i za mene egzotičan poput svježeg daška s kontinenta, sjeo je na rub mog madraca i pogledao u mene i moju crvenu pidžamu.

„Izgledaš jadno", rekao je.

„Osjećam se jadno", odgovorila sam.

„Bi li željela kabinu? Mislim, pravu kabinu, cijelu samo za sebe, s pravim krevetom. Ako želiš, mogu ti je pronaći. Ovdje ionako nećeš moći zaspati."

Poskočila sam kada sam čula ponudu. Putovanje od Dovera do Oostendea prekratko je za dobar cjelonoćni san, ali i dva sata udobnosti bolje je nego ništa.

„O. K., dođi", rekao je konobar.

Mojih je stvari bilo posvuda uokolo. Slagati ih nisam imala vremena pa sam ih samo prebacila preko ruke i potrčala za konobarom. Bio je to poprilično neugodan prizor, bretele, remeni i tregeri visjeli su s mene, a nisam mislila da ćemo morati proći kroz bar drugoga razreda. Bio je prepun različitih ljudi svih dobi koji su se polupijani nalaktili na stolove i počeli zviždati i dovikivati mi prostote dok sam prolazila. Valjalo se potom probiti i kroz mnoštvo u prolazima, no naposljetku je kabina, kada smo je napokon našli, bila upravo onakva kakva mi je bila obećana. Zaključala sam vrata i zahvalno se zavalila u jastuke.

Dvije minute poslije začulo se glasno kucanje na vratima.

„Otvori samo na minutu," rekao je konobarov glas, „moram ti dati odredišnu kartu."

Otvorila sam ne baš graciozno vrata. Konobar je ušao, dao mi odredišnu kartu i natočio dvije goleme čaše viskija.

„Za bolji san", rekao je.

Nisam bila obožavateljica viskija, no poslušno sam popila jer su me odgojili da budem pristojna. Usto, nisam željela ispasti nezahvalna. Konobar je zatim natočio još dvije čaše i tada mi je glavom projurila zastrašujuća misao da me možda pokušava napiti. No konobar je nastavio govoriti i pričati viceve, a ja sam bila uljudno šarmantna kao i uvijek. Nekako sam se uspjela riješiti druge čaše viskija (dijelom i tako što sam piće izlila u umivaonik dok je konobar prebrojavao plahte u ormaru), a zatim sam odlučno izjavila da želim spavati.

„U redu," rekao je konobar, „sada zaključaj vrata, a ja ću te probuditi ujutro. I, za ime Božje, ne puštaj nikoga unutra. Ako tko pokuca, jednostavno nemoj odgovoriti."

Nakon toga je izišao iz kabine, a ja sam zaključala vrata, zavalila se natrag u jastuke i zaspala.

Nešto kasnije probudilo me kucanje. Srce mi je skočilo u pete, ali šutjela sam, baš onako kako mi je savjetovao konobar. Kucanje se nastavilo i postajalo sve jače i učestalije.

„Tko je tamo?" naposljetku sam izustila.

„Ja sam", čuo se odgovor. Bio je to konobar.

Osjećala sam da viski djeluje. Boljela me glava i bila sam smušena. Pitala sam se što da učinim.

„Odlazi!", rekla sam naposljetku.

„Ne budi smiješna," odgovorio je, „stigli smo u Oostende i donio sam ti kavu."

Bila je to sasvim druga stvar. Skočila sam iz kreveta, otključala vrata i u kabinu je ušao konobar s kavom. Ono što je uslijedilo i prema čemu je konobar vodio svim svojim velikodušnim uvertirama, ne trebam ni opisivati. Uostalom, može se naći u bilo kojem romančiću meka uveza i lako predvidjeti, no samo ako ste manje naivni od mene u to vrijeme. Konobarovi romantični izljevi nisu bili ništa bolji od viskija pa sam mu to jasno dala do znanja. No pristojni se zahtjev prometnuo u raspravu, a rasprava u naguravanje, u kojem sam ja bila u nepovoljnijem položaju. Među stvarima koje sam prebacila preko ruke samo nekoliko sati prije bio je i veliki žuti kišobran s profinjeno izduženim šiljkom na kraju. I tako, dok sam lijevom nogom pokušavala zadati što jači udarac konobaru u trbuh, desnom sam rukom posegnula za ovim jedinim pouzdanim oružjem koje sam u tom trenutku posjedovala.

„A sad," prosiktala sam dramatično, „ne napustiš li odmah kabinu, ugurat ću ti ovo među rebra." Uz veliki napor zadala sam mu lijevom nogom udarac ispod pojasa na ponešto osjetljiviju točku pa je zateturao prema zidu. No neozlijeđen i neustrašen, prišao mi je ponovno, ali kišobran i njegov šiljak kojim sam mu zlokobno dotaknula trbuh zaustavio ga je podalje od mene. U tome se trenutku brod, koji sudeći po kretanju nije bio pristao u Oostendeu, naglo nagnuo na lijevu stranu i polupijanoga konobara srušio na pod zajedno s mojim elegantnim kišobranom koji je ostao zarobljen ispod njega.

„Odlazi!" viknula sam. Konobar se nesigurno uspravio na noge i zateturao prema vratima, a ja sam stajala na krevetu i prijeteći vitlala svojim svinutim kišobranom.

„Za ime Boga!" uzviknula je potpredsjednica u tom trenutku i dodala: „Je li sve to istina?"

„Naravno da je istina," odgovorila sam, „istina i samo istina. Zapravo, to je jedna posve obična priča s putovanja." Sjedila sam s prijateljima iz Amerike otprilike trinaest godina poslije, jela patku i flambirane višnje u starome šarmantnom restoranu u Münchenu.

„A što se dogodilo s konobarom?“

„Nemam pojma. Više nije dolazio. Doduše, s obzirom na ono što sam poslije naučila o europskim muškarcima, za njih nema većeg poraza nego kad im povrijedite ponos. Muškarci su ovdje vrlo osjetljivi na to.“

„Da će se to dogoditi, mogli ste očekivati čim ste otišli u kabinu.“

„Danas to znam, naravno. Ali ne zaboravite da mi je tada bilo sedamnaest godina i da sam bila vrlo, vrlo naivna. Osim toga, djeca danas znaju mnogo više o svijetu nego mi tada.“

„Imate li još taj kišobran?“

„Dala sam ga majci prije otprilike godinu dana. Živi na engleskom ladanju i njime razmiče grmlje kad ide u šetnju sa psom.“

„Pričajte nam još.“

„Što kažete na nekoliko priča iz Indije ili s Dalekog istoka? Ili možda želite čuti kako sam zapela u džungli u Srednjoj Americi.“

„Hajdemo ovako. Vratimo se u hotel na kavu pa onda možete početi.“

Otišli smo u garderobu po stvari. Te je noći sipila neugodna kiša i tek što smo izašli iz restorana, shvatila sam da sam nešto zaboravila. Potpredsjedničin se muž kavalirski ponudio da ode po to.

„Za ime Boga“, rekao je kad mi je predao sporni predmet. „Sada shvaćam!“

Bio je to iznimno pomodan kišobran s modernim uzorkom u crvenoj i plavoj boji na čijem se kraju nalazio neobično elegantan srebrni vrh.

„A kako da znam da u njemu nije ugrađena puška ili takvo što?“

„Pa i mogla bi biti“, odgovorila sam. „Ne smijemo zaboraviti da sada imam malo više iskustva i da sam navikla izlaziti sa strancima.“

Kad sam putovala sama
1965
Indija

Kupnja u Chandni Chowku.

1.
Kako sam stigla u Karachi

Oduvijek sam željela ići u Indiju. Majka je bila glavna sestra u Delhiju prije nego što se udala pa mi je često prije spavanja pričala o vrtnim zabavama kraljevskoga namjesnika, maharadžama koji na slonovima prolaze ulicama, svojim egzotičnim indijskim prijateljima i rezbarima slonove kosti iz Chandni Chowka. Godine 1965. pružila mi se prilika da sve to vidim i iskusim. Tijekom uskrsnih praznika počela sam pisati zahtjevnu disertaciju o bečkoj dramskoj satiri. Građa je bila vrlo opsežna, što je značilo da ću se zbog golema posla i muke vjerojatno naći na rubu živčanoga sloma i do sljedećeg ljeta biti slučaj za psihijatriju. Bilo mi je muka od stalna jurcanja na sve strane. Brzina života išla mi je na živce. I sve što ide s njom – pokretne stube, neboderi i automati, telefoni i tablete za spavanje. Bilo mi je dosta hrane zamotane u celofan. Bilo mi je dosta prometa, buke i ispušnih plinova, a najviše od svega bilo mi je dosta rada. I zato sam poziv prijateljice umjetnice da zajedno otputujemo u Indiju objeručke prihvatila. Tjednima poslije bila sam bombardirana suludim upozorenjima dobronamjernih poznanika da će nas izgristi zmije, pokositi dizenterija i žuta groznica, komarci nasmrt izbosti, da ćemo biti opljačkane, silovane ili će nas pak ubiti prosjaci ljudožderi, dakako, ako prije toga na putu ne umremo od žeđi u pustinji. I sama sam počela sumnjati u svoju odluku kada sam upoznala Indijca koji spada među one koji se zaklinju svim bogovima da će nas dočekati poput princeza i voljeti kao sestre te da nećemo morati potrošiti ni novčića dok budemo u njihovoj predivnoj domovini. Takve sam priče već čula. No moje su nedoumice bile riješene kada sam doznala da se drugi muškarac u skupini oženio i otišao na medeni mjesec. I sve to potvrdilo je moju teoriju da najmanje problema imate kada putujete sami. Potom sam vidjela reklamu malene studentske putničke agencije za jeftine letove nekim opskurnim zračnim prijevoznikom s Bliskog istoka. Odlučila sam rezervirati let za New Delhi s presjedanjem u Damasku i Karachiju. Uostalom, nisam primila sva ta cjepiva i pročitala tolike knjige uzalud, a i ideja da idem u Indiju do tada je već prerasla u opsesiju. I tako sam, što mi se tada činilo posve nevjerojatnim, jedne sunčane nedjelje u kolovozu letjela preko Alpa do Rima, i napokon bila na putu za Indiju.

Svi su problemi počeli u Rimu. Zrakoplov u koji sam trebala presjesti negdje se izgubio. Trebao je stići iz Londona, no jednostavno nije stigao, a na pitanje kada će stići, službenici u zračnoj luci samo su slijegali ramenima. To očito nije bilo ništa novo kada je riječ o tom zračnom prijevozniku pa su mi savjetovali da sljedeći put letim Alitalijom. Ta mi informacija nije bila od velike pomoći jer sam u tom trenutku bila blago razdražena, a imala sam i jeftinu kartu za koju nisam mogla dobiti povrat novca. I tako su prolazili sati, jedan zrakoplov za drugim polijetali su prema istoku, a ja se, u strahu da bi zrakoplov mogao stići svaki trenutak, nisam usudila napustiti zračnu luku i razgledati grad. Još ništa. Zalazak Sunca i suton. Večera na račun Alitalije. Noć. Kafići se zatvaraju. Još ništa. Jedan sat je ujutro. Dva sata. Šačica ljudi čeka. Čekaju opskurni zrakoplov iz Londona koji se nije sjetio poslati čak ni poruku. Tri su sata. Uzbudljive vijesti. Zrakoplov stiže za trideset minuta. Tehnički problemi. Nedostajao je rezervni dio. U Londonu je bila nedjelja i nitko nije radio. Rezervni dio nabavljen je iz Pariza. I naravno, sat poslije na pustu i mračnu pistu rimske zračne luke sletio je oronuli zrakoplov koji nas je trebao odvesti sve do New Delhija.

Zrakoplov je bio gotovo pun, uglavnom Sirijaca koji su išli u Damask i Pakistanaca koji su se vraćali kući svojim obiteljima. Jedan od njih poveo je i svoju obitelj, ženu i nekoliko djece te dva starija para, koji su zasigurno bili bake i djedovi. Svi su zaspali odmah nakon polijetanja. Nikada se nisam prestala čuditi lakoći kojom istočnjaci mogu zaspati. U zoru smo se približili kamenitoj grčkoj obali. Bilo mi je dosadno, bila sam umorna i gladna pa sam pokušavala od stjuardese doznati hoćemo li što dobiti za doručak. Jedan od članova posade prošao je pokraj mene i rekao mi da mogu doručkovati s njima u kokpitu ako želim. Pola minute poslije sjedila sam na kopilotovu mjestu i jela breskve s kapetanom zrakoplova. Ostatak osoblja nagurao se po strani i čini se da to nikomu nije smetalo. Objasnili su mi kako funkcioniraju neke od bezbrojnih kontrola i čak dopustili da se radiovezom javim Nicosiji dok smo prelijetali smeđi grumenčić koji je trebao biti Cipar. Tek prije slijetanja u Damask, trinaest sati poslije, zamolili su me da se vratim na svoje mjesto, zajedno s tri breskve koje sam dobila na dar od kapetana.

Ono što me se najviše dojmilo u Damasku, osim ravnih krovova kuća koje sam vidjela iz zrakoplova i muškaraca poprilično agresivna izgleda koji su se u širokim arapskim haljama šetali zračnom lukom, bila je vrućina. Da razjasnim – obožavam sunce, ali kako nikada prije nisam putovala izvan Europe, nisam mogla ne osjetiti vrućinu koja isijava iz vrelog pustinjskog tla i udara ravno u glavu. Prije nego što sam shvatila što se događa, odbila sam trojicu mladića koji su prodavali ručno izrađene suvenire i usput me zaprosili, iskapila četiri čaše soka od limete, za koji se činilo da teče iz nepresušnih izvora kuhinje zračne luke, i pokušala pušiti nargilu s Indijkom koja je putovala u Saudijsku Arabiju. Iako su se sa stropova posvuda klimali ventilatori, svi su se znojili kao svinje. Počela sam misliti da sam zatočena u noćnoj mori. Najčudnije od svega bilo je to da je jedini zrakoplov na pisti bio onaj kojim smo mi stigli. A i taj će, kako mi je kapetan rekao, uskoro biti umirovljen. Upitala sam čovjeka u službenoj odori jesmo li propustili let za Karachi. Rekao je da ne zna.

I tako su sati opet prolazili. Rashida, Indijka koja živi u Saudijskoj Arabiji, izjasnila se da je gotovo sigurna da nešto nije u redu. Sljedeće što smo vidjeli bio je čovjek s golemim crnim brkovima koji nas je obavijestio da je let za Karachi otkazan. Idući je za pet dana. Ova strašna izjava nije prouzročila ama baš nikakvu reakciju kod ostalih putnika. Svi su nastavili sjediti i tek s vremena na vrijeme obrisali bi tromo znoj s obrva. Čovjek s brkovima pokupio je putovnice i nestao iza vrata s natpisom „Privatno" na arapskom, engleskom i francuskom jeziku. Jedina osoba koja je prigovarala bila je Rashida.

„Kakvo ponašanje!" izjavila je. „Ti se ljudi ponašaju kako god požele. Valjda očekuju da ćemo potrošiti sav svoj novac u Damasku. A ja moram stići u Dharhan. E pa ja ću se pobuniti."

Rekla sam joj da moram stići u Delhi i da ću se pridružiti njezinoj pobuni. Najprije smo otišle do vrata s natpisom „Privatno", gdje je Rashida ukorila službenike na arapskome. No oni su samo nastavili proučavati fotografije u putovnicama koje su bile na hrpi ispred njih i slijegali ramenima. Zatim sam riječ preuzela ja te im vrlo odlučnim tonom na engleskom jeziku rekla što mislim, nakon čega nam je jedan od muškaraca rekao da će najbolje biti da popričamo s upraviteljem u gradu. Tada smo zatražile da nam vrate putovnice i prtljagu. Službenici su rekli da ne znaju gdje je. U međuvremenu smo stekle nekoliko pristaša iz skupine Pakistanaca jer su morali biti u Karachiju sljedeći dan, no bili su vrlo plahi u zastupanju naših zahtjeva. Jedan od njih rekao je da nam je prtljaga na carini. Ispalo je da je doista dio prtljage bio na carini, dio u zrakoplovu, a nešto stvari već je ukrcano u autobus zračnog prijevoznika. Pripreme da nas odvezu u grad otegnule su se na dulje od tri sata. Već je prošlo i vrijeme ručka pa smo svi bili umorni, gladni i bilo nam je vruće. Otkrila sam da je nestao moj mali kovčeg. Nije ga bilo ni u autobusu, ni u prostorijama carine, a ni u kamionu. Netko je pretpostavio da bi mogao biti u zrakoplovu. Završilo je tako da sam se u potrazi za njim popela u teretni prostor zrakoplova.

Taktiku povećane žestine primijenili smo ponovno u gradskom uredu zračnog prijevoznika, gdje smo čas Rashida na arapskome, čas ja na engleskome po službenicima ispaljivale žestoke kritike i zahtjeve, a u pozadini se čuo piskavi refren Pakistanaca. Isprva nam nije išlo i jedino što smo dobili bio je odgovor da možemo ostati u Damasku pet dana. No nakraju smo uspjeli raniti upraviteljev ponos primjedbama o kvaliteti njegove tvrtke pa nam je čak platio objed i rekao da će se javiti za jedan sat. Ubrzo nam je javljeno da je za Rashidu rezerviran let na redovitoj liniji za Dharhan, a mi ostali letjet ćemo u Karachi sutradan Swiss Airom. Do polaska su nam u jednom od najboljih hotela u gradu rezervirane sobe da se malo odmorimo. Kao što je Rashida primijetila, uvijek se isplati boriti za svoja prava.

Problematični aspekt leta za Karachi bio je što zrakoplov nije polijetao iz Damaska nego iz Beiruta, koji je od Damaska udaljen nekoliko sati vožnje. Zračni prijevoznik unajmio je dva taksija da nas odveze kasno poslijepodne u Beirut. Jedan je bio prilično oronuli Chevrolet, a drugi Buick u godinama. No darovanome se konju ne gleda u zube. Kada je sve napokon bilo spremno, nakon mnogo čekanja posvuda, prigovora te pakiranja Pakistanaca i prenošenja njihovih bezbrojnih zavežljaja u pohabane taksije, vozili smo se kroz maslinike i cedrove šume. Večernji zrak bio je pun mirisa i djelovao je poput melema. Zadovoljno sam pomislila kako je život lijep.

Nažalost, zadovoljstvo je bilo kratka vijeka. Prvi su problem bile formalnosti na libanonskoj granici. Nešto nije valjalo s vizama izdanima u Damasku i na prvi se pogled činilo da nikada nećemo napustiti Siriju. No taksisti su odlučno odbili vratiti se u Damask samo radi pečata koji je navodno nedostajao te su nas njihove psovke i moja diskretna naknada za njihov trud dovele na ničiju zemlju. Potom smo morali čekati u koloni kod libanonske policije – dva sata i dvadeset minuta, da budem preciznija. Ovdje smo ponovno morali dobiti neke vize, koje su Pakistanci odbijali platiti tvrdeći da je za sve kriv zračni prijevoznik. No nakon mnogo gnjavaže i nagovaranja i taj smo problem uspjeli riješiti. Zatim se pokazalo da Pakistanci u prtljazi imaju nešto što se nije svidjelo carinskim službenicima i to nas je na granici zadržalo još pola sata, dok se napokon nismo otisnuli dalje na put okruženi mirisnim noćnim zrakom libanonskih planina. Dvadesetak minuta poslije vozač je uz glasne psovke automobilom sletio u jarak. Barem sam to isprva pomislila, dok se nije pokazalo da je to još jedna u nizu zapreka na našem putu. U jarku smo završili jer nam je puknula guma. I da stvar bude gora, nijedan od vozača nije imao alat kojim bi je mogao zamijeniti. Pomirili smo se sa sudbinom i sjeli uz planinsku cestu u nadi da će tijekom noći možda naići neko vozilo i pomoći nam.

Beirut je divan grad. S jedne je strane veseo i razvijen, prepun zgrada s modernim uredima, vrhunskih hotela i izvrsnih noćnih klubova. Ugođaj dopunjuje i golemo prostranstvo blistava Mediterana koje se proteže dokle seže pogled. S druge je pak strane fascinantni labirint uličica sa šarolikom ponudom robe i mnoštvom mirisa, koji su sastavni dio svakog arapskoga grada. Zračni prijevoznik osigurao nam je u Beirutu smještaj u vrhunskom hotelu, kakav Pakistanci nikada u životu nisu vidjeli. Bili su oni nekada jednostavni seljaci, a sada su obavljali prljav posao u tvornicama za preradu pamuka u sjevernoj Engleskoj. Nakon jučerašnjih događaja prešutno su me izabrali za vođu, uvjereni da mogu riješiti svaki problem koji se pojavi. A katkad se činilo da namjerno stvaraju probleme. Premda su neki od njih godinama živjeli u Engleskoj, njihovo poznavanje engleskoga bilo je nevjerojatno loše. Dakako, ako se nisu pretvarali da su bespomoćni kako bi drugi umjesto njih sve obavili. Riječ koju su razumjeli i cijenili bila je „nevolja". Tek što sam se bila smjestila u svoju sobu, zazvonio je telefon. Na liniji je bio najstariji Pakistanac, bezubi stari gospodin koji se proglasio obiteljskim glasnogovornikom.

„Nevolja, gospođo", rekao je ozbiljno.

„Idite k vragu", odgovorila sam, u nadi da me neće razumjeti. Okrenula sam se i zaspala.

Telefon je ponovno zazvonio dok sam doručkovala.

S druge strane slušalice čula sam tugaljivo ponavljanje: „Nevolja, gospođo!"

Rekla sam da ću doći kad popijem kavu. Pokazalo se da je jedan mlađi Pakistanac sinoć pritisnuo pogrešni prekidač. Umjesto da upali svjetlo u kupaonici, pozvao je čistačicu. Kada je djevojka došla, bio je u donjem rublju i sada ga želi tužiti za pokušaj zavođenja. Druga „nevolja" bila je pak da je jedan Pakistanac imao krivo ispunjenu kartu. Umjesto u Dhaku u istočnom Pakistanu, Sirijci su ga poslali u Dakar u zapadnoj Africi. Obećala sam da ću poći s njim u ured zračnog prijevoznika.

Kad je i taj problem bio riješen, poslala sam čovjeka natrag u hotel taksijem i otišla prošetati se starim dijelom grada. Naišla sam na stare, smežurane žene koje su prodavale lubenice i starce koji su čučali na dovratcima i pušili iz nargila ili samo zurili u prolaznike. Odjednom sam se našla u tajnom vrtu pokrivenom lozom i cvjetovima jarkih boja. Vlasnik kuće ležao je na naslonjaču i pušio. Bio je pomalo zatečen, ali nipošto ljutit. Dao mi je malo turske kave i voća te me pozvao da dođem opet. Vraćala sam se u hotel uz morsku obalu i poput stranca zurila u sav taj krom, staklo, ukrase i luksuz koji sebi nikada neću moći priuštiti. Gutala sam topli morski zrak. Ručak je bio nezaboravan, s najboljim i najegzotičnijim predjelima koje sam ikad okusila. Dakako, dogodilo se nekoliko „nevolja" dok me nije bilo. Pakistancima se izgubilo jedno dijete, a kako me nisu mogli pronaći, sami su organizirali potragu. Dijete je poslije pronađeno u stražnjem vrtu kako jede kamenice.

„Nevolja" je dosegnula vrhunac u trenutku kada smo napuštali hotel. Nasred predvorja u kojem smo stajali okruženi pedantno spakiranim svežnjevima, torbama i kovčezima najstariji Pakistanac imao je ispad patrijarhalnog bijesa jer su mu ispostavili račun. Zatražila sam da mi pokaže račun jer sam bila pomalo začuđena i željela sam znati izvodi li to zračni prijevoznik kakav trik te čeka li i mene ista sudbina. A kad tamo, od Pakistanca se tražilo da plati sedamnaest vrčeva čaja, jedanaest Coca-Cola i četiri boce viskija! Zamijenila sam očajnog recepcionara koji je uzaludno pokušavao objasniti Pakistancu da zračni prijevoznik plaća samo smještaj, a sve dodatno, kao što su čaj, Coca-Cola i viski, plaća gost. Upitala sam Pakistanca što je učinio s viskijem jer u Pakistan ga nikako nije mogao unijeti.

„Piti, gospođo," rekao je, „cijeli dan i noć."

„Ali mislila sam da ste musliman."

„Engleske navike, gospođo", turobno je objasnio. No uporno je odbijao razumjeti nastalu situaciju i platiti. Sve se napokon riješilo kada sam mu zaprijetila da ću otići u zračnu luku sama i ostaviti ga u hotelu s torbama, prtljagom, rodbinom i prijateljima ako mi odmah ne preda lisnicu. I rekla sam mu da se pribere jer je vozač autobusa iz zračne luke već ljutito trubio. Podmirila sam njegove dugove, a zlostavljanom i izvrijeđanom recepcionaru dala veliko-dušnu napojnicu.

U Karachi smo stigli rano ujutro. Svakomu tko prvi put sleti u trop-ske krajeve prvi udah tropskoga zraka nezaboravno je iskustvo, osobito noću. Meni se činilo kao da gutam zagrijanu maglu. Pa-kistanci, koji su me u Libanonu svi odreda pozvali u posjet kada stignemo u Pakistan jer sam ih izvukla iz brojnih „nevolja", nestali su čim smo ušli u zgradu zračne luke. Razmišljala sam da u Delhi krenem vlakom, ali odgovorili su me od tog nauma jer putovanje dugo traje i prijeti mi opasnost da me izbodu ili u najboljem slučaju „zadrže" na granici, gdje je navodno bilo „nevolje". Rezervirala sam let za sljedeću večer i pošla autobusom zračne luke do grada.

Ushićena mišlju da sam doista na egzotičnom istoku i nadahnu-ta potrebom da odmah upoznam lokalne običaje, iduće jutro po-zvala sam nosača i naručila pakistanski doručak.

„I, molim vas, neka bude autentičan, bez dodvoravanja zapad-njačkim ukusima", rekla sam. „Usput, što uopće u Pakistanu jedete za doručak?"

„Što u Pakistanu doručkujemo, gospođo? Kukuruzne pahuljice, gospođo. Kašu, jaja i šunku, gospođo. Tost, marmeladu i čaj. Pravi pakistanski doručak."

Trebalo mi je dugo da shvatim da pakistanski običaji nisu postojali prije nego što su ih izmislili Britanci.

Nakon doručka otišla sam do plaže u autu rikši s blještavim uzorcima. Pratio me susretljivi mali hotelski službenik koji se ponudio odvesti me tamo. Dan je bio tmuran, pun teških monsunskih oblaka. More je bilo tamnosmeđe i sivo, a plaža se ispred njega protezala u neprekidnom muljevitom nizu. Uokolo je bilo nekoliko drvenih stolaca koji su očito nekada doživjeli i bolje dane, tu i tamo koji štand s limunadom i mnogo deva. Zapravo, na toj plaži u Karachiju prvi sam put jahala na devi. Hotelski službenik čak me i fotografirao. Ta mi je fotografija draga uspomena iako smo oboje malo nahereni, a glava predivno arogantne deve uopće se ne vidi. Dalje sam gradom nastavila šetati sama. Zurila sam u čudu u blještavo obojene rikše i žene koje hitaju niz ulicu u *sarijima* ili pandžapskim haljinama (koje su u posljednje vrijeme na zapadu razvodnjene i predstavljene kao ženska poslovna odijela) i fotografirala sve na što sam naišla, među ostalim i stare ljude koji su čučali poput majmuna i satima zurili u prazno.

Osim što smo kasnili jedan sat, let i sve formalnosti prošli su bez komplikacija. Dok sam stajala u *duty free* trgovini i uspoređivala cijene rukotvorina s onima na tržnici i slušala isprazan govor stjuardesa koje su kupovale parfeme, prišao mi je muškarac u uniformi.

„Unosite li u Indiju alkohol?" upitao je.

„Pa ne, nisam namjeravala", odgovorila sam jer sam se na vrijeme sjetila da su Indijci izrazito puritanski nastrojeni prema zabrani alkohola.

„Uzmite onda nešto za mene", rekao je. „Kapetan Mehra, na usluzi. Pilotiram letom za Delhi. Vidite, vi možete unijeti alkohol kao strankinja. Ja ne mogu", dodao je tiho, a zatim je opet normalnim tonom nastavio: "Zovite me Raj. Kako se vi zovete?"

Monsunski su nas oblaci napali svime čime su mogli. Pladnjevi s hranom skakali su uokolo i jedna od stjuardesa poletjela je u zrak kao čep od šampanjca. Potom je gusta tama odjednom nestala i pružio nam se pogled na rijeku Ind kako lijeno vrluda u krugovima kroz krajolik koji je izgledao poput neprekinute neplodne pustinje. Postoji rizik kada posjećujete neku zemlju samo na jedan

dan. Znam da nisam vidjela čuda Lahorea i da nemam nikakvu predodžbu o nedavnim velikim tehnološkim postignućima. Zapravo, nikada se ne bih ni pretvarala da "poznajem" Pakistan – ali ne mogu si pomoći. Svaki put kada se spomene ta zemlja, vidim smeđe i pomislim na „nevolju".

Moj maleni izlet u krijumčarenje donio mi je prvog indijskog prijatelja. S kapetanom Rajom Mehrijem i njegovom obitelji i danas sam bliska. Pokazalo se da žive u istome dijelu grada kao i moja prijateljica, kći gospođe koju je moja majka upoznala u Indiji prije mnogo godina. Živjela je samo dvije ulice dalje pa je bilo logično da me kapetan Mehra odveze k njoj svojim automobilom i, s obzirom na istočnjačku gostoljubivost, jednoga dana pozove u svoj dom na ljutu indijsku večeru. U međuvremenu jedno piće? I svakako povedite prijateljicu i njezine prijatelje također, i psa, naravno... Prva noć u Indiji, u ležaljci ispod stabla manga dok mirisi jasmina i oleandra prožimaju zrak, a bosonogi sluga toči viski s limetom uzbuđenoj skupini tamnih stranaca koji ćeretaju uza zvučnu pozadinu tisuća komaraca.

Hodočasnici s cvijećem za muslimanskoga sveca.

Hodočasnici u nosiljci dholi pred suton.

2.
Muslimansko hodočašće

*„Ako postoji raj na zemlji,
tu je! Tu je! Tu je!"*

Sjedila sam na željezničkoj postaji u Agri, jela banane i razmišljala o spomenicima. Tog jutra stigla sam iz Delhija kako bih vidjela Taj Mahal. Nekako me podsjećao na svadbenu tortu, bio je hladan i saharinski te okružen obožavateljima. Proporcije su mu savršene, ali muslimanski su arhitekti oduvijek imali smisla za perspektivu. I raskoš. Jednako sam bila impresionirana utvrdom Agrom i tužnim ostacima nekadašnjega velikog bogatstva. Na primjer, prijestolnom dvoranom, gdje su nekada veliki moguli sjedili ispod zlatnih tkanina okruženi eunusima koji su paunovim perima tjerali muhe. Ili malenim mramornim paviljonom, gdje je carica Nur Jehan otkrila ružino ulje. Njezino ime znači „svjetlost svijeta" i vladala je svojim suprugom čvrstom desnicom. Navodno se riješila svakoga tko joj se našao na putu tako što ga je kroz rupu bacila u rijeku Jamunu. U tim danima pravda je bila izravnija nego danas. A što je s Crvenom utvrdom u Delhiju, s carskim prostorijama ukrašenima dragim kamenjem i stropom od čista srebra? Baš tu se može vidjeti onaj perzijski dvostih o raju na zemlji. Samo što je srebro davno skinuto, a drago kamenje pokrali su britanski vojnici. Ali još se može vidjeti mjesto na kojemu su nekoć bili. Moguli nisu škrtarili na svojim spomenicima, naravno. šah Jahan, koji je dao sagraditi Taj za svoju suprugu Mumtazu Mahal, želio je da to bude

29

najraskošnija građevina na svijetu. A prema legendi, kada je čudo bilo sagrađeno, pozvao je k sebi čovjeka koji ga je sagradio i naredio da mu otkinu ruke kako nikada ne bi mogao ponoviti to postignuće. Osiguranje kućanstva bilo je jednostavnije nego danas.

Sjedila sam na željezničkoj postaji u Agri pomalo zbunjena prvim susretom s indijskom javnim prijevozom. Željeznica je automobil za siromašnu osobu, a željeznička je postaja njegov hotel između odredišta.

Zato ćete na svim većim indijskim željezničkim postajama i kolodvorima naći golemu dvoranu s ljudskim bićima stiješnjenima poput mrava na podu kako leže, spavaju, sjede ili čuče. Njihovi su nebrojeni svežnjevi i ležajevi posvuda oko njih, njihova se djeca sretno igraju s prljavštinom koju su za sobom ostavile cipele bogatih. Vlakovi su uvijek prepuni – osobito treći razred. Čudno je iskustvo gledati ljude kako s ozbiljnim izrazom putuju u odjeljku za prtljagu ili u skupinama vise s vrata dok vlak vozi dalje. Blizu postaje u Delhiju postojao je veliki natpis koji je na engleskome i hindskome obavještavao: „Mole se putnici da zbog visećih mostova ne putuju na krovu." Krajolik oko Agre izgledao je nevjerojatno. Zagušljiva močvarna ravnica na kojoj vodeni bivoli poput crnih stijena leže u blatnoj vodi. Čudno drveće raste uokolo, samotno ili pak neuredno zapetljano. Maleni se majmuni igraju u njihovim krošnjama, a paunovi šepire u hladu. Kod Taj Mahala ukrcala sam se na bicikl rikšu – samo da to doživite isplati se doći na istok. Dok je vozač energično okretao pedale sprijeda, ja sam nečujno plovila u otvorenom odjeljku straga. Bila je mirna, zlatna tropska večer dok smo jurili nizbrdo bez kočenja pokraj velike rijeke Jamune koja se pjenila kroz poteze džungle, krda koza, krava, bivola i djece prosjaka, pokraj bosonogih pastira i pasa koji su lajali. Bivoli su imali teška zvona oko vrata pa sam na trenutak pomislila da sam u Austriji.

Morala sam čekati tri sata na postaji u Agri. Bilo je to jadno iskustvo. U čekaonici je bilo nekoliko klimavih stolaca (no većina ljudi čučala je na podu), klimav stol te užasno zagušljivo i prljavo. Vani su putnici vikali jedni na druge, prosjaci su glasno stenjali, a nosači hodali uokolo s hrpama prtljage na glavi. Iz zahoda se širio nepodnošljiv smrad. Nisam imala novca za raskoš pa sam za malo sitniša kupila banane za večeru. Ovo je bila čekaonica za putnike prvoga razreda, oni trećega razreda morali su biti zadovoljni i prostorijama vani. Zato su cijene mogle biti tako niske. Izvan čekaonice čučala je stara žena u dronjavu *sariju*, pušila cigaru i ispruženom rukom molila milostinju. Uvijek mole ispruženom rukom.

Doplatila sam za odjeljak u prvom razredu jer put je trebao trajati cijelu noć, a u trećem je razredu bilo i opasno. Prvi razred je u Indiji zapravo drugi razred jer dolazi iza luksuznijega, „klimatiziranog" razreda, ali ipak sam očekivala kakvu-takvu udobnost za svoj novac. Ono što su mi pokazali kada je vlak napokon stigao više je podsjećalo na zatvorsku ćeliju. Poslije sam doznala da su prozori na indijskim vlakovima uvijek maleni kako bi putnicima pružili zaklon od sunca, a rešetke su tu da štite od prosjaka i lopova. Debelom sloju prašine koji je prekrivao pod i spartanska sjedala uzrok je vjerojatno bila pješčana pustinja Rajasthan kroz koju je vlak prošao, a iz zahoda je zaudaralo zato što ljude s istoka to mnogo ne zabrinjava. I tehničke poteškoće uobičajene su u Indiji, nije bilo ničeg neobičnog u tome što svjetla nisu radila. Sjela sam u prašinu i mrak te vruće i samotne večeri, još u neznanju o činjenicama života na istoku, i u očaju razmišljala kako sam mogla biti toliko blesava da dođem ovamo.

„Dobro došli! Izgledate kao da biste se trebali odmah vratiti kući ili zaljubiti u Indiju. Zovem se Malik, a ovo je moja žena. Drago nam je što putujemo zajedno. Mislim da smo se upoznali u Taj Mahalu."

Taj prijateljski i uljudan glas bio mi je u tome trenutku vredniji od zlata i srebra. Osobito zato što su Malikove umirujuće riječi bile popraćene energičnim radnjama. Naručio je večeru za troje iako sam se zahvalila rekavši da već imam nešto banana, tražio je da poprave svjetla i donesu nešto posteljine. Doduše, rekao mi je da u Indiji većina putnika posteljinu nosi sa sobom. Pregledao je zahod i izjavio da je sramota za civiliziranu zemlju, raspakirao se, ponudio mi cigarete i prepričao povijest regije. On i žena bili su muslimani iz Pakistana, a sada su bili na hodočašću kroz svetišta sjeverne Indije. Bili su na putu u Ajmer u Rajasthanu, kamo su krenuli odati počast na grobu svetoga čovjeka po imenu Kvaja Muin-ud-Din Kisti. Ajmer je, dodao je, drevan i divan grad pa se osim hrama može posjetiti i utvrda Akbara Velikog te dva vrlo posebna jezera. Jedno od njih, jezero Pushkar, središnje je mjesto hodočašća za hinduiste. Prema legendi, čudom se pojavilo na mjestu gdje je tvorcu Brahmi jednom na tlo pao lotosov cvijet. „Pushkar" znači lotos. Ali Malik je, kao predani vjernik, bio vješt u nadmetanju čak i legendama.

Sveti čovjek Kvaja Muin-ud-Din Kisti želio je ući u Ajmer kako bi propovijedao, ali zli hinduistički princ odbio ga je pustiti unutra. „Ako me ne pustiš da uđem," rekao je Kisti, „ovo jezero, od kojega tvoje kraljevstvo živi i napreduje, ujutro će presušiti." Iduće jutro u jezeru više nije bilo vode. Princ je skrušeno molio za oprost i pozvao je Kistija da bude njegov gost koliko god želi i zamolio je njegov blagoslov. Nakon toga u jezeru je opet bilo vode. Ljudi kod kojih su Malik i njegova žena trebali odsjesti bili su potomci svetoga čovjeka. Ako promijenim planove, i ja sam dobrodošla – što kažete na to?

U prašini i tami noći zaspala sam i sanjala o cvjetovima lotosa, svetim ljudima i hodočašćima. Odjednom sam se probudila kao da me netko naglo probudio iz narkoze. Zurila sam ravno u snažno, bliještavo svjetlo iza prozora s rešetkama, a izvana su se čuli vriska i užurbano kretanje. U zatvoru sam, možda sam ubila svetoga čovjeka. A onda je kroz rešetku prema meni poletjela crna unakažena ruka. Jedva sam prigušila vrisak. Bili smo na postaji, a ruka je bila prosjakova. Cijelo tijelo me svrbjelo, a posteljina je izgledala kao da je živa. Pripisala sam to halucinacijama i ponovno legla. Probudila sam se na plahti punoj mrtvih buha i obada.

Kad smo stigli u Ajmer, Malik je uložio žalbu rekavši da se usluga u prvom razredu razlikuje od usluge u trećem jedino po tome što se osoba može zatvoriti. Upravitelj, zapravo upravitelji željezničke postaje (u Indiji je većina stvari u množini), izgledali su zabrinuto i izrazili su veliko žaljenje što nisu mogli promijeniti situaciju. I tim je odgovorom pitanje čini se bilo riješeno.

Dva Kistija dočekala su nas u automobilu. Nakon očeve smrti o obitelji se brinu šestorica braće, rekli su mi. Žene nisu spominjali.

Kad su ulice postale preuske, morali smo izaći iz automobila i nastaviti se pješice probijati kroz vrevu orijentalnoga gradskog života. Ljudi su čučali pokraj svojih straćara i žvakali *paan*, prali djecu, odazivali se zovu prirode ili jednostavno zurili u nas. Djeca su im pomagala u prosjačenju ili prodaji ili su se polugola igrala u prašini. Koža im je visjela na kostima u naborima kao u starih ljudi. Sve trgovine bile su otvorene i mogla sam vidjeti što se u njima događalo dok smo prolazili. U čajanama su čaj služili u kositrenim zdjelicama sa slatkišima. Vidjela sam brijače kako briju nonšalantne mušterije s oštricama opaka izgleda, *dhobi* žene kako glačaju rublje golemim glačalima koja su ugrijale na vatri od sasušena izmeta, žene s malenom djecom na grudima i prodavače kako važu paprike i ananase na kositrenim vagama. Prodavači su šetali uokolo i hvalili svoje proizvode, krave su se opušteno prešetavale i uzimale sa štandova s povrćem što im se svidjelo, a zrak je bio težak od svakojakih mirisa i smradova. Iz nevidljivih tranzistora dopirala je neprekidna buka indijske pop-glazbe. Katkad bi nam se kroz otvorena vrata bogatijih kuća pružio pogled na služavke koje su jedna drugoj trijebile buhe. Jednom smo se morali maknuti s puta četvorici znojnih slugu koji su kroz gužvu nosili zatvorenu nosiljku. U njoj je sigurno bila neka plemkinja, a zastori su je štitili od mnoštva koje je zurilo u nju.

Sluge su nas poveli natrag u stražnje uličice, jedva šire od metra. Zaustavili smo se ispred ulaza u snježnobijelu zgradu, nekoć vjerojatno palaču. Zdanje je bilo sagrađeno u starom orijentalnom stilu oko otvorena četverokutnog dvorišta, a balkon se protezao dužinom svakog kata i s njega se ulazilo u sobe. Prizemlje je bilo namijenjeno za služinčad. Desno od ulaza bilo je mnogo smeća, što je mjestu davalo izgled umjetničkog ateljea, a lijevo je bila velika, užarena peć za kuhanje. Kuhinja, bez sumnje. Neki starac čučao je pokraj peći i brisao naočale. Poslije sam doznala da je batler. Svi su skočili na noge kada smo stigli i poželjeli nam dobro jutro. Usko spiralno stubište vodilo je gore do naših apartmana – jedini način da ih se opiše, u punom sjaju te riječi. Na dovratku je trebalo izuti cipele i ostaviti vani prašinu s ulice. Podovi su bili posve pokriveni toplim, jarko obojenim orijentalnim tepisima, a kroz vitraje se jutarnje sunce igralo na bijelim stupovima i zidnim skulpturama uzorcima boja koje su se neprekidno mijenjale. Jedino pokućstvo u obje sobe bio je golem kauč koji nitko nije namjeravao rabiti. Svi bi odmah sjeli na pod i obroci bi bili posluženi na bijeloj plahti na podu. Noću bi za nas pripremili ležaj na podu. Odmah nakon dolaska poslužili su nam doručak: jaja, kruh i čaj. Naš domaćin, najstariji gospodin Kisti, sjedio je pokraj nas, žvakao *paan* i razgovarao s Malikom na urdskome. Nakon doručka ponudio nam je kupku. Kupka je u Indiji jednostavna stvar. Sastoji se od slavine i limenke kojom se osoba polijeva vodom kao u improviziranom tušu. Ono što me više fasciniralo bio je zahod. Na prvi pogled izgledao je kao veliki, staromodni bakreni kotao postavljen na podignutoj platformi poput prijestolja. Morali ste se popeti nekoliko stuba da dođete do njega. Hrpice starih novina, izrezanih do odgovarajuće veličine, bile su složene na malenoj polici slijeva. Pokraj njih, manje prašnjav, bio je vrč s vodom, koji Indijci vole rabiti za istu namjenu. Bila sam razočarana kada sam otkrila da ova impozantna struktura nije ništa više nego rupa puna propuha koja je vodila na ulicu. Slično sam vidjela u engleskim srednjovjekovnim dvorcima.

Naše hodočašće počelo je čim smo bili spremni. Najstariji gospodin Kisti, s malenom bijelom molitvenom kapom na glavi, poveo nas je niz spiralno stubište van, na vrevu gladnih i prljavih ulica do štanda s cvijećem. Ondje je Malik kupio košaru mirisnih ružinih latica koje će ponuditi u hramu svetoga čovjeka, kako to običaj zahtijeva. Samo nekoliko koraka dalje bijeda i buka naglo su prestali kao da ih je netko isključio i prošli smo kroz velika vrata spomenika. Tu se svijet sastojao od mramora i zlata, bogatstva nekoga drugog vremena, sve je bilo sjajno, od površine dvorišta do zlatnoga vrha velike kupole ispod koje je bio pokopan svetac. A između stupova arkada čučali su neizbježni prosjaci. Moje suputnike prožimalo je strahopoštovanje. Ljubili su glatke mramorne stupove, prelazili prstima preko bijelih zidova u nijemu obožavanju i pohlepno pili svetu vodu koja se slijevala iz izvora u njihove skupljene ruke. Malik je podignuo košaru ružinih latica visoko iznad glave. Velom koji mi je njegova žena posudila za tu prigodu pokrila sam glavu i ušli smo u svetište.

Hram je bio skučen i slabo osvijetljen, što je još više isticalo namještaj i ukrase. Strop se svjetlucao u bezgraničnom bogatstvu dragog kamenja, a između zlatnih stupova nazirao se mramor s umetnutim ukrasima. Grobnica je bila pokrivena plahtom od crvena baršuna, ukrašena biserima i draguljima. Sva ta raskoš odavala je dojam nonšalantne svijesti o sebi bez ikakva razmetanja kakvo bi se našlo na zapadu.

Sva se ta divota pokazivala na ležeran način, bez razmetljivosti kakvu susrećemo na zapadu. Prilazili smo grobnici jedan po jedan. Ponizno smo ljubili mramorni pod, a naš vodič teškim bi nam baršunastim pokrivačem prekrio pognute glave kako bi se naše duše u ovom skrivenom svijetu ustajale, blistave tame sjedinile s dušom sveca. Zatim smo po grobu posuli ružine latice, a kao posljednji znak zajedništva svaki se hodočasnik sagnuo na odlasku i uzeo nekoliko latica te ih ponizno prislonio na usta.

Blizu hrama nalazilo se veliko groblje na kojem su bile pokopane manje poznate ličnosti, među ostalima i otac gospodina Kistija. Usto, unutar zidina svetišta bila je još jedna rijetka zanimljivost:

golemi kotao za juhu uz koji su bile naslonjene ljestve kako bi se posjetitelji mogli popeti i vidjeti njegovu unutrašnjost, sada obraslu travom. Nekada se u tom kotlu, koji je darovao velikodušni princ kako bi ublažio patnju svojih izgladnjelih podanika, kuhalo juhe dovoljno da se nahrani cijeli grad.

Te večeri krenuli smo, tako sam barem ja smatrala, na pravo hodočašće. Uputili smo se prema planinskom hramu iznad grada. Monsun je već zahvatio regiju pa smo bili navikli na obilne pljuskove koji bi poplavili palače, grobnice i ulice. No kada smo izašli iz grada Ajmera u četiri ujutro, činilo nam se kao da će sâm bog kiše na nas izliti svoj bijes. Nebo na obzoru bilo je crno kao ugljen, Sunce je odavno zašlo, a oblaci su se opasno približavali. Gospodin Kisti najavio je prolom oblaka. No kako se Malik zavjetovao svecu da će posjetiti planinski hram, ništa ga nije moglo zaustaviti. Tvrdio je da smo u Božjim rukama i da nam se ništa loše ne može dogoditi. I tako smo krenuli, gradske ulice zamijenili smo skrivenim, strmim puteljcima koji su vodili uzbrdo kroz osušeno grmlje do guste šikare čije su nam neobuzdane grane svojim krhkim prstima napadale kosu. Zatim smo došli do planinskog puteljka na čistini, a nebo iznad nas bilo je toliko tamno da smo jedva mogli razaznati gdje završavaju oblaci, a gdje počinju planine. Malikovu ženu, koja je donedavno bila bolesna, nosili su po tom planinskom putu u *doliju*, otvorenoj nosiljci napravljenoj u japanskom stilu, koja je bila pričvršćena za šipku koju su dvojica žilavih, starijih muškaraca nosila na ramenima. Izmjenjivale smo se u *doliju*, u kojem smo prekriženih nogu poskakivale kada bi nosači naletjeli na kakav kamen. Nismo bili posve sami na planini. Jednom smo prošli pokraj stotinjak malih majmuna koji su pobjegli uz skvičanje čim su čuli da im se približavamo. Svako toliko čuli bismo spretne korake crno-bijelih vjeverica koje su žurno skakale s grane na granu ili tihe pokrete u travi, vjerojatno zmija u potrazi za plijenom.

Svečanost u planinskom hramu bila je izrazito svjetovna u usporedbi s onom od jutros. Hram je bio gotovo posve prazan. U njemu su bili samo čuvar, ili možda dva, a nakon nekoliko trenutaka štovanja u svetištu Malik ih je poslao po čaj i kekse. Kiša još nije pala, no dok sam iživcirano promatrala Malika kako opušteno žvače kekse, bila sam sigurna da će pasti svaki trenutak. Moja se nestrpljivost pokazala bezrazložnom. Iako je nebo postajalo sve tamnije i srditije, iz oblaka je počelo pljuštati tek kada smo bili već daleko unutar zidina Ajmera.

„Biste li večeras željeli otići do ženskih odaja i upoznati gospodaricu?" pitao je Malik za vrijeme večere.

„Mislite u harem?"

„Pa da, katkad se i tako naziva. Ja ne mogu s vama jer je muškarcima onamo ulaz zabranjen."

Gospodarica kuće bila je prekrasna 18-godišnjakinja koja je tečno govorila engleski. Budući da se udala za muškarca iz ortodoksne obitelji, kada je i ako je uopće izlazila, morala je biti dobro zamotana ili čak skrivena u zatvorenoj nosiljci, poput one koju smo vidjeli jutros. Malikova je žena imala sreće što se udala za tako napredna čovjeka kojega je smjela pratiti svugdje. No mlada dama nije izgledala nimalo nesretno. Brbljala je na milozvučnom engleskom, pokazala mi je nedavno rođenoga sina i upoznala me s naboranom svekrvom, a naposljetku je izvadila golem album s obiteljskim slikama. Njezine su odaje bile lijepo ukrašene paravanima i zastorima u svjetlocrvenoj, zelenoj i plavoj boji. Dok smo sjedile na tepihu i pile čaj, obasula me pitanjima o Europi i molila me da joj pišem čim se vratim.

Pisala sam joj sljedeći Božić i priložila pismu božićnu čestitku iz Njemačke i razglednicu iz Opere u Münchenu. Nikada mi nije odgovorila.

3.
Kada sam bila špijunka

Monsun je već stigao u Delhi. Stigao je kao što većina stvari onamo i dolazi, hitro, dramatično i bez ikakva upozorenja. Ležali smo pokraj bazena i uživali na suncu kasnog ljeta kada se prva skupina tamnih oblaka pojavila na obzoru. Gledali smo kako se oblaci nakupljaju iznad nas, a grad je za jedan sat bio pod vodom. Majka je imala prijateljicu čija se kći družila sa Škotkinjom kod koje sam odsjela. Udala se za Indijca kojega je upoznala u Glasgowu. Ime mu je Om Prakash, ali ga svi zovu Omi. Iako potječe iz ortodoksne loze brahmanaca, zbog boravka u Europi poprimio je mnoge običaje sa zapada. Njegovi roditelji, bake i djedovi, ujne, ujaci te braća sa svojih nekoliko žena živjeli su u Delhiju pod istim krovom. S djecom ih je bilo više od tridesetero. Imali su i sluškinju, čija je jedina zadaća bila peći indijske pogačice *chapati*.

Omi mi je rekao da odem u Ranikhet i posjetim gospođu Clarke. Tvrdio je da Delhi nije zanimljiv tijekom monsuna, a da je Ranikhet vrlo ugodan grad na brdu te da će se njihova dugogodišnja prijateljica gospođa Clarke dobro brinuti o meni.

Do željezničke postaje vozili smo se za proloma oblaka. Kada je voda već prilično nabujala, otkazao je motor. Nekoliko dječaka, koji su čekali upravo takvu nepriliku, stajalo je ispod golemih crnih kišobrana, a kada smo stali, dogacali su do automobila i pomogli nam izvući se iz vode. Za to su dobili izdašnu napojnicu. Da vlak nije kasnio pola sata, zakasnila bih.

Usred noći morala sam presjesti na putnički vlak sa samo jednim odjeljkom prvog razreda. Odjeljak je bio prepun ljudi koji su spavali, tako da nisam imala ni gdje sjesti. Tada je netko na jednom ležaju bojažljivo odgrnuo plahtu i ugledala sam postarijega gospodina spljoštena nosa.

„Žao mi je što morate stajati," rekao je, „ako pomaknem stopala malo ulijevo, možda ćete imati gdje sjesti."

Zahvalna na tome malom ustupku, prihvatila sam ponudu i zaspala dok mi je glava visjela preko ležaja.

Poslije se pokazalo da je taj gospodin vrlo bogat i važan. Čim je Sunce izašlo, njegov je sluga trčećim korakom iz trećega razreda donio čaj. Zatim bi na svakoj postaji trčao amo-tamo i donosio gospodinu četkicu za zube, jaknu, pribor za brijanje i tek ulaštene cipele. Potom je pospremio njegovu posteljinu, a naposljetku, kada smo stigli do odredišta, obavijestio ga da ih čeka taksi.

„Kamo idete?" upitao me gospodin, „U Ranikhet? Onda možemo zajedno taksijem. Dotamo ima više od 80 kilometara, a vožnja autobusom traje satima." Skupina ljudi stajala je na peronu kako bi mu zaželjela dobrodošlicu: šef željezničke postaje, koji je potvrdio da ga čeka taksi, glavni konobar, koji ga je obavijestio da ga čeka doručak, nekoliko ljudi zaduženih za njegovu prtljagu i vozač taksija, koji je sve promatrao sa zanimanjem. Sluga je trčao na sve strane kako bi se uvjerio da sve teče kako treba. Gospodin me pozvao na doručak i ispripovjedio mi sve o svojoj brodarskoj tvrtki, svom bratu ambasadoru i o tome kako nije moguće putovati bez slugu.

Kad smo se popeli toliko visoko da smo u daljini vidjeli dolinu s plantažama čaja i rižinim poljima, bilo je podne i stigli smo u Ranikhet. Rustikalni pansion gospođe Clarke bio je smješten nedaleko od sela, a pogled iz njega protezao se 160 kilometara uokolo, sve do vrhova Himalaje prekrivenih snijegom. Kada su psi veselo nasrnuli na mene i razbacali mi torbe po travnjaku, znalo se da sam stigla. Za njima je došla sitna Indijka, pretpostavila sam da je to jedna od sluškinja koje nazivaju *ajah*. Potom je iz romantično obrasla vrta, u kojem je nekoliko konja zadovoljno žvakalo travu, izišla gospođa Clarke glavom i bradom. Bila je vrlo impozantna žena. Nosila je pamučnu suknju iz nekog drugog vremena, bijele hlače i debele smeđe čizme za planinarenje. Na glavi je imala velik muški šešir kojemu je svilena našivena vrpca dala nježniji i ženstveniji dojam. „Draga, presretna sam što si došla. Smočnica je puna, a krevet ti je namješten. Dobro došla."

Gospođa Clarke i njezin pansion bili su očit simbol protivlje-nja normama. Rodila se i odrasla u Ranikhetu, a njezin je otac bio vlasnik najveće i najraskošnije kočije u okrugu. Nekoliko je godina provela u džungli u Africi, gdje je upoznala i budućeg muža. Nakon što se uzaludno trudila živjeti u Engleskoj, rastala se, poslala sina na Novi Zeland i vratila se u svoj voljeni Ranikhet, planinsko svetište koje je predmet brojnih legendi, a opisuje se kao najljepše mjesto na svijetu. Premda se u rustikalnom pansionu gospođe Clarke osjećao memljiv miris vlage, bio je uređen s ponosom i imao je dušu. Bu-dući da sam tada bila jedina gošća, s gospođom Clarke uglavnom sam se družila za vrijeme obroka, kada mi je pripovijedala koliko je tužna zbog Amerikanaca koji su zbog „primitivnih instalacija" vrlo brzo otišli ili koliko je sretna zbog Nijemaca koji su bili odu-ševljeni konjima u vrtu i osobnim pečatom što ga je dala pansionu. S vremena na vrijeme naređivala bi posluzi na jedinstvenom hin-dustanskom jeziku s oksfordskim naglaskom i intonacijom. Bila je prilično dobro oboružana poslugom. Najdraža mi je bila mala *ajah,* koja se brinula za moju udobnost; donosila mi je toplu vodu u veli-kom vrču na glavi, ložila vatru u kaminu i zagrijavala plahte urnom u kojoj je bio užareni ugljen. Kuhar bi većinu vremena čučao nad užarenim ugljenom u staroj indijskoj kuhinji i pripremao *curryje* i kolače ukusnije od onih koje sam dotad probala. a bili su pripre-mljeni najmodernijim pomagalima. Konobar, koji je čini se odluč-no odbijao promijeniti majicu, posluživao nas je bos i u dronjcima, ali savjesno kao kakav konobar iz Sohoa. Naposljetku, bio je tamo i dječak sluga, poput lakaja iz Pepeljuge, on bi čekao uz kočiju u koju su bili upregnuti bijelci dok je gospođa Clarke bila u kupnji u selu.

„Konjska kočija", možda jest pretjerivanje, iako su je tako zvali ljudi iz sela. „Zaprega s ponijem" bio bi prikladniji naziv. Običavala sam ići s gospođom Clarke u kupnju, a uz nas bi istom brzinom ko-račala i ponica Lolly, dok bi njezina punašnija gazdarica odzdrav-ljala ljudima iz sela bičem za jahanje. Gospođa Clarke naređivala bi iz kočije na poznatom oksfordskom hindustanskom, a bilo je mno-go svađe i komešanja ako dječak ili neki drugi sluga ne bi ispunili naše zahtjeve. Nakon kupnje otišle bismo u posjet prijateljima, a razgovarali bismo o koječemu, od Malaje preko sakupljanja japan-skih vaza do snijega na dalekim vrhovima Himalaje.

Bilo je to prekrasno, idilično razdoblje, bila sam daleko od vru-ćine indijskih nizina i užurbana tempa u svijetu. Mislim da nijednom nisam slušala radio dok sam bila u Ranikhetu niti sam razbijala glavu time što se događa u ostatku svijeta. Umjesto toga dugo bih šetala brdskim putovima i uživala na svježem zraku, gledala kako se bore divlje svinje ili bih s gospođom Clark pokušavala odgonetnuti pojavljivanje tigra u dnu njezina vrta. Sprijateljila sam se s djevojčicama iz susjednoga sela, a kako nismo mogle suvislo razgovarati, pjevale smo. Drugom prilikom odlučila sam istražiti dio sela pokraj kluba za golf. Odande je pucao krasan pogled na najvišu planinu u Indiji, na Nandu Devi, koja je izgledala kao nakupina tamna kamenja prestrma da zadrži snijeg. Obično joj je vrh bio u oblacima, no, prema legendi, božica Devi katkad spusti svoj veo kako bi smrtnici mogli vidjeti svu njezinu ljepotu. To je bio upravo takav trenutak. S oduševljenjem sam potražila prikladan prednji plan kojim bih istaknula blještavi vrh u daljini i fotografirala prizor.

Kada sam se došetala natrag u selo, bila sam zbunjena dočekom. Prvo je skupina mladića zahtijevala da im predam svoj fotoaparat. Postupno je skupina prerasla u gomilu koja je u mene upirala prstima i dobacivala mi različite uvrede. Zatim su im se pridružili i stariji muškarci, koji su mi čak pokušali oteti torbu. Vjerujući da sam u kandžama lopova, pokušala sam što prije otići do pansiona gospođe Clarke, no gomila oko mene prisilila me da krenem putem koji je vodio u planinu. Nakon nekoliko minuta stvorila se još jedna skupina muškaraca koji su tražili da im predam torbu. Sasjekli su u korijenu moj glupi pokušaj bijega s fotoaparatom i torbom pod miškom. U idućem trenutku penjala sam se usamljenom planinskom stazom i unatoč tomu što me zbunjivala činjenica da se sve odigrava tako javno, bila sam sigurna da su me oteli. Gomila, koja je svakom minutom postajala sve veća, vodila me prema veličanstvenoj drvenoj vili smještenoj između stabala. Iz nje je izašao ugledni gospodin koji je na sebi imao šarenu košulju i *dhoti*, oskudno pokrivalo.

„Gospođice," rekao je, „dobar dan!. Najljepše bih vas zamolio da mi predate fotoaparat."

„A smijem li znati zašto želite moj fotoaparat?" pitala sam.

„Fotografirali ste našu vojnu bazu. A trebali biste znati da je to ozbiljan prekršaj u ovako teškim vremenima."

„Ali ja uopće nisam znala da ovdje postoji vojna baza, a slikala sam Nandu Devi", zvučala sam pomalo jadno.

„Svejedno," bio je uporan, „morate izvaditi film iz fotoapara-
ta. Rekli su mi da ste fotoaparat usmjerili ravno prema časničkim
odajama. Neprijatelji ne smiju vidjeti kako su smješteni naši viši
dužnosnici. I jako mi je žao što ne znate da naša pukovnija postoji."
Tek nakon dulje rasprave uvjerila sam gospodina, koji je bio
potpukovnik ili nešto slično i koji je uživao u nedjeljnom popod-
nevu s obitelji, da sam fotografirala Nandu Devi i da, koliko god to
njemu zvučalo uvredljivo, doista nisam znala da u okrugu postoji
ikakva vojna baza. Uzbuđenje je završilo tako što je potpukovnik
gomilu poslao kući i pritom strogo ukorio tužibabe, a mene pozvao
na popodnevni čaj.

„Zar ovdje doista postoji vojna baza?" pitala sam gospođu Clar-
ke dok smo večerale.

„Da, postoji. Odmah pokraj kluba za golf. Vrlo je velika. Nije ni
čudno da im je smetalo što si njuškala onuda."

„Ali nisam njuškala, nisam imala pojma da je tamo baza. Nije
bilo nikakva znaka, žičane ograde ni ičega drugog što bi upozora-
valo na to da je tamo vojna baza."

„Istina, pomalo su tajanstveni kada je riječ o tome gdje su grani-
ce baze. No taj je dio grada prešutno rezerviran za vojnike i njihove
obitelji. Seljaci i turisti uopće ne idu onamo. Pretpostavljam da su
mislili da si špijunka ili što slično."

„A što bi se ondje uopće moglo špijunirati? I za koga bih ja špi-
junirala? Meni je sve to smiješno, presmiješno."

Bila sam u vlaku, vraćala sam se u Delhi. Vlak je huktao u obla-
ku prašine od ugljena, a ja sam stajala pokraj otvorenih vrata, ne
zato što su to činili i mještani, već zato što ventilatori nisu radi-
li. Bila je to bez sumnje još jedna od brojnih tehničkih poteškoća,
no bila je posebice iritantna jer je bilo jako vruće. A sve je postalo
još nepodnošljivije kada je pao sumrak pa smo svi morali sjediti u
mraku. Bio je utorak, 7. rujna 1965. Vlak je prema indijskim stan-
dardima bio neobično prazan. Kako smo se približavali Delhiju, na
nekim većim postajama, koje su izgledale turobnije nego obično, u
vlak bi ušlo samo nekoliko ljudi te se tiho i potišteno smjestili u kut.
U zraku se osjećala neobična napetost pa sam svladana panikom
upitala čovjeka koji mi je sjedio preko puta događa li se što.

„Događa li se što?"

„Da, ne rade svjetla i svi su neuobičajeno tihi."

Himalajska panorama: inkriminirajuća fotografija.

„Mjesto zločina": pogled iz zraka na Rajpath.

„Želite li reći da ne znate što se događa? U Indiji je rat! Zar prošli tjedan niste čitali novine ili slušali radio?"

„Pa i nisam. Bila sam na odmoru u planinama, a tamo nismo imali nikakve novine. A protiv koga ratujete? Mislim... – i tada sam osjetila da negoduje zbog moje neupućenosti – sigurno ratujete protiv nekoga."

„Ratujemo protiv Pakistana. Mislim da bi bilo dobro da naučite malo povijesti. Ili da se barem malo informirate o tome što se događa oko vas. Budući da večeras očekujemo zračni napad na Delhi, grad je u potpunoj tami. Ja sam vojnik. Pozvali su me s dopusta da pomognem braniti domovinu. Stanje je opasno, vrlo opasno. Savjetujem vam da se prvim zrakoplovom vratite u Europu."

Budući da sam tek stigla u Indiju i to nakon brojnih neprilika i uz velik trošak, ni nakraj pameti nije mi bilo vratiti se u Europu pa bila zemlja i u ratu. Polako je sve počelo dobivati smisao: ona „nevolja" na granici s Pakistanom i zloslutne vijesti koje sam načula u Delhiju. Kako mi je bilo dosta problema, a bila sam i na praznicima, nisam se previše obazirala na to. Uostalom, vjerojatno će se sve stišati za dan ili dva.

Kada smo stigli u Delhi, kolodvor je bio u potpunome mraku. Gomila znojnih ljudi tapkala je u mraku po stubama, preko mostova i kroz vrata. Veliko mračno predvorje bilo je prepuno ljudi. Kada sam ušla u predvorje, osjetila sam da me pod okriljem mraka nečiji pohlepni prsti pipaju po odjeći. Odlučila sam se počastiti taksijem i što prije pobjeći iz te noćne more. No na ulici nije bilo ni taksija, ni autobusa, ni rikši. Te noći ulicama se smjelo kretati amo uz službeno dopuštenje. U uredu šefa kolodvora objasnili su mi da mogu nazvati prijatelje i zamoliti ih da od mjerodavnih zatraže posebno dopuštenje i dođu po mene, što bi, naravno, potrajalo otprilike jedan sat. Znajući kako stvari u Indiji funkcioniraju, shvatila sam da bih cijeli tjedan mogla ostati zarobljena na kolodvoru u Delhiju. Mogla sam prespavati u predvorju prepunom ljudi, ali to nisam željela. Zato sam nazvala Mehrase i očajnim glasom ih zamolila da zatraže posebno dopuštenje i dođu po mene jer su me u mraku napola opljačkali. Šef kolodvora, koji je sa zanimanjem slušao moj telefonski razgovor, najviše od svih se iznenadio kada je za manje od pola sata po mene na kolodvor došao Rajev mlađi brat.

„Sada moramo biti oprezni", šapnuo je Vyas čim smo bili na sigurnome, u automobilu. „Ako itko dozna za ovo, izgubit ću posao."

43

Nije imalo smisla tražiti dopuštenje jer bi to potrajalo cijelu noć."
Zanesena maštanjima o Orijentu, rekla sam Vyasu da mi je spasio
život. „Je li istina da će večeras grad napasti iz zraka?" „Svake večeri
misle da će biti zračni napad, ne brini se."

Šuljali smo se po mrtvom gradu poput zločinaca. Stari Delhi,
koji je inače živio cijelu noć, sada je bio prazan i u potpunome mra-
ku. Građani u strahu nisu izlazili iz kuća. Nigdje se nije vidio ni tra-
čak svjetla. Samo je odvažni prodavač duhana, koji bi spavao pokraj
svojih proizvoda i da je svjetlo smjelo biti upaljeno, zabio baklju u
slamnati krov kako bi pokazao da je spreman raditi. Probudili smo
ga i kupili kutiju cigareta.

Tijekom vožnje do Novog Delhija, što je otprilike 30 kilometa-
ra, susreli smo se sa samo tri vozila. Pretpostavili smo, kao što su
i oni vjerojatno pretpostavili za nas, da imaju službeno dopuštenje
za kretanje ulicama. U svakome slučaju, bili smo obzirni pa nismo
jedni drugima postavljali pitanja...

Jako sam se iznenadila kada sam shvatila da taj rat nije nimalo be-
zazlen. Amritsar je bio u ruševinama. Žene i djeca bili su tri dana u
rovovima bez hrane i vode, a muškarce su ubijali kao muhe. Omi je
to čuo od nekoga tko se upravo vratio odande. A povratak u Delhi
trajao je danima. Morali su nekoliko puta silaziti s vlaka kako bi
se sakrili od neprijateljskih zrakoplova koji su pucali po svakom
vlaku koji se kretao ili pak zato što je pruga bila zatrpana kamenim
ruševinama dalje nastaviti pješice. Omiju je poginuo jedan dalji ro-
đak. Njegova udovica, mlada žena, bila je shrvana. U Indiji nije lako
biti udovica. U Delhiju su strahovali da bi neprijatelj mogao bom-
bardirati most na Jamuni, preko kojega je vodila željeznička pruga
prema Kashmiru, dugogodišnjem predmetu prijepora. Uveden je
strogi policijski sat od sumraka do zore, a rijetko bi prošla 24 sata
bez sirena i panike. Radio Delhi prenosio je vijesti da su indijske
postrojbe uspješno napale neprijatelje, izbjegle neprijateljske napa-
de i srušile njihove avione. A odmah potom s Radio Karachija čule
bi se posve suprotne vijesti.

Svatko tko bi u policijsku postaju doveo pakistanskog špijuna
dobio bi nagradu od nekoliko stotina rupija, a tržnicom su poput
senzacija kružile priče o tome tko je gdje uhvaćen. Jedan od ju-
naka bio je i vozač rikše, debeli stanovnik Punjaba, kojemu su se
dvojica putnika učinila sumnjivima pa ih je, svakoga pod jednom

miškom, odvukao u policijsku postaju. Njegove su se sumnje pokazale istinitima. Prema drugoj priči, neki čovjek zatražio je da ga rikša odveze u ulicu odmah iza ugla. Vozač rikše primijetio je da je riječ o strancu pa ga je pola sata vozio u krug i to naplatio sedam rupija. Čovjeku ništa nije bilo neobično, prebrojio je novac i platio vozaču. Čovjek si je platio put do policijske postaje. Naime, jedan je novčić bio pakistanski. Ako je priča istinita, ne govori mnogo o domišljatosti špijuna.

Tijekom tih tjedana u Delhiju je život danju bio dosadan, a noću nepodnošljiv. Stalno smo se bojali zračnih napada. Stanje je postajalo sve ozbiljnije, a zbog skrivanja iza zatvorenih prozora panika je samo dodatno rasla.

„Mislim da ovo više ne mogu podnijeti,“ rekla sam Omiju jedne večeri, „radije bih umrla na svježem zraku nego se ugušila u kući.“

„Idemo do tržnice,“ rekao je, „možda uspijemo vidjeti što se tamo događa“. Još nije pao mrak i ljudi su se šetali ulicama. Ali na tržnici se ništa nije događalo. Obično bi u to doba dana najviše vrvjela životom, bila puna starijih muškaraca koji peku *chapati* na otvorenoj vatri, prodaju *paan*, kroje odjeću, važu povrće ili izvikuju cijene. Sada je bio otvoren samo jedan štand s duhanom, na krovu je bila baklja vidljiva iz zraka, a skupina muškaraca stajala je okolo, kupovali su *paan,* žvakali duhan i izbacivali ispljuvke te tiho razgovarali. I to je sve. Nijedan špijun nije uhvaćen i nijedna bomba nije pala. Zato smo otišli kući, natrag na spavanje, a da nismo znali hoćemo li se probuditi živi. U nekim kućama ljudi su bili ili na krovovima ili su već spavali ili su se histerično molili kućnim bogovima da ih spase od uništenja. Tu i tamo naišli bismo na kravu kako luta tihim ulicama u potrazi za hranom. Prošli smo kroz vrtna vrata i umalo pali preko Omijeva motora zakrivenog sjenama.

„Znaš što?“ reče Omi, „Idemo se provoziti gradom i vidjeti Vrata Indije na mjesečini“.

Noć je bila prekrasna, savršena za bombardiranje. Te su godine monsuni kratko trajali i ostavili su za sobom niz sunčanih dana i blagih, blistavih noći koje se mogu doživjeti samo u tropskim područjima, s golemim punim Mjesecom usred zvijezda i vrućim zrakom ispunjenim teškim mirisom cvijeća i cvrčanjem cvrčaka. Osim jezovita drveća, mi smo vani bili jedina živa bića. Motor je u toj tišini stvarao zagušljivu buku, ali nadali smo se da neće uzbuniti policiju. Delhi se proteže kilometrima i vožnja u sam grad potraje, ali ovaj se put činila vječnom. Jednom sam s Vyasom vježbala letenje iznad grada u letjelici za dvoje putnika. New Delhi je više sličio golemom zelenom mozaiku nego glavnom gradu jer nikada prije nisam vidjela mjesto s toliko parkova, drveća i travnjaka. U blizini je konglomerat zgrada koji nazivaju Stari Delhi. Nisam znala koje je mjesto usamljenije – napuštene ulice kojima sam prošla prije nekoliko dana ili večerašnje utihnule travnate avenije. Dok smo se približavali središtu grada, susreli smo nekoliko usamljenih automobila bez upaljenih svjetala s putnicima koji su začuđeno zurili u nas jer su shvatili da je još netko živ osim njih. Napokon smo stigli do veličanstvenoga Rajpatha, najšire avenije u gradu u kojoj je uvijek mnogo ljudi, a katkad, primjerice u siječnju za Dan Republike Indije, mjesto je na kojem se održavaju različite svečanosti i slavlja. Ali tada je bila prazna i mi smo bili jedini monarsi usamljenoga kraljevstva. Napravili smo tri kruga oko Vrata Indije, ubrzali od Parlamenta do Predsjedničke palače, prošli pokraj veleposlanstva, ureda i Connaughta, najboljega trgovačkog centra u gradu, te se vratili do Rajpatha i opet obišli Vrata Indije. Zatim smo motor ostavili pokraj ceste i bosonogi hodali po travi, uživali poput djece, bez brige i pameti. U tišini su se čuli samo sitni zvukovi, suhi list pod tabanima, cvrčanje cvrčaka i kreketanje žaba u potoku. Nedaleko od nas vidjeli smo ljude kako nešto kopaju.

„Kopaju rovove," cinično je rekao Omi, „tko uopće ima vremena doći dovde i sakriti se?" Ljudi su prestali kopati i pogledali su nas znatiželjno. „Sigurno misle da imamo dozvolu vlasti da budemo ovdje", rekao je Omi.

Sjeli smo na klupu ispod drveta i uživali u noći i kreketanju žaba.

„Najviše me ljuti", rekla sam, „to što nitko ne zna što ovaj rat zapravo donosi. Sve te napuhane priče da branimo domovinu jer nas ona treba, žrtvujemo živote za dušu svoje zemlje i borimo se do zadnjega života samo su prazne riječi. Indija nije sudjelovala u svjetskim ratovima i to se vidi. Kada sravne gradove sa zemljom, ljudi se vrate s ratišta osakaćeni, a gospodarstvo bude u lošijem stanju nego što je sada, govorit će nešto posve drugo. Mili bože, doista se pitam je li Kashmir vrijedan žrtvovanja tolikih postrojbi i streljiva, a da ne kažem tolikih života".

„Kashmir vrijedi zadržati", rekao je Omi, „ i vrijedi se za njega boriti".

„Da, ali zašto na ovako glup i besmislen način? Ratom? Uostalom, ratuje se i izvan Kashmira… Moj Bože, što je ono?"

„Čini se da su konji," rekao je Omi, „policija na konjima. Ne brini se, nisu nas vidjeli".

Ali vidjeli su nas ili možda čak i čuli. Možda nisam smjela tako glasno govoriti o Kashmiru. I nisu projahali pokraj nas, dvojica su se zaustavila, a ostali su galopirali prema nama. Netko u bijelome stajao je pokraj bicikla u sjeni. Primijetila sam nekoga u bijelome prije, ali bila sam previše zaokupljena razgovorom, ljepotom noći i uzbuđenjem kršenja zakona da nisam ni pomislila tko bi to mogao biti.

Uskoro smo bili na motoru i vozili se prema policijskoj postaji. Iza mene sjeo je policajac, zadužen za to da doista i dođemo do policijske postaje.

Ispitivanje je trajalo dulje od dva sata. Nasreću, službenici nisu znali engleski pa ja nisam sudjelovala u razgovoru. Sve se srušilo na sirotog Omija, a ja se nisam usudila ništa reći da koji službenik slučajno ne razumije engleski i dodatno se sve ne zakomplicira s ispitivanjem. Budući da uza se nismo imali putovnice, a bogme ni dozvolu vlasti, u početka su se prema nama odnosili kao prema opakim sumnjivcima. Ali Omi se odlično snalazio u situaciji i na kraju, kako je rekao i sam policajac, više uopće nismo sličili špijunima. Omi mi je poslije ispripovjedio kako im je rekao da sam ja ugledna sveučilišna profesorica koja se nažalost baš sada odmara u Indiji, no unatoč svemu žarko želi razgledati grad. Na što mu je jedan službenik odgovorio kako grad mogu razgledati i danju. Nemirno sam pratila oštar razgovor između službenika i Omija jer sam znala da zbog nesmotrene pustolovine možemo imati golemih posljedica. Omi mi je poslije priznao da mu se u nekoliko navrata činilo da će nas strpati u zatvor. Nije znao što je točno ponukalo starijega službenika da nas ipak pusti. Vjerojatno mu je iz Omijevih izravnih oštrih odgovora bilo jasno da smo doista bili u kratkom razgledanju grada. S obzirom na okolnosti pristojno smo se rastali, a prije toga Omi mi je morao prevesti bukvicu starijega službenika, koji me korio zato što sam tvrdoglavom ustrajnošću u razgledanju grada prekršila policijski sat. Kada smo izašli, ispred postaje je kraj bicikla još stajao onaj čovjek u bijelom. Službenik mu je prišao i počeo galamiti na njega.

„Ostao je tu jer je čekao svojih 600 rupija", rekao je Omi. „E pa neće ih dobiti. Službenik mu govori da drugi put ne bude tako glup."

Mjesec je još sijao poput Sunca kada smo se vratili kući. Velike avenije i zelene površine koje čine vanjski rub Delhija i dalje su bile prazne. Činilo se svetogrđem ne ostati vani i ne uživati u noći. A opet, nešto nas je natjeralo da se isti tren vratimo kući poput ukorene djece.

„Znaš li što je onim službenicima bilo najsumnjivije?"

„Ne znam, što?"

„Ostavili smo motor uz cestu i otišli. Rekli su da je to protuzakonito."

4.
O hramovima i rikšama

Mnoštvo je zurilo nekamo dolje, bikova usta bila su iskrivljena u odvratan osmijeh, a iz goleme su mu glave virili pozlaćeni rogovi. Istodobno je bio i demon i luda. Pokraj njega bio je snježnobijeli bik okićen cvijećem, a ispod je Ganeša, bog u obliku slona, kratkih nogu i okrugla trbuha, prikazan kako na mitološkom štakoru jaše prema Krišni koji svira frulu okružen pastiricama, a štiti ga Hamuman, bog u obliku majmuna koji se odmara prije nego što će skočiti u ocean.

Stajala sam ispred jednoga od devet velikih tornjeva hrama u Maduraiju. Dalekozorom sam proučavala splet skulptura. Spuštao se suton, vrijeme kada se paklene ekvatorijalne vrućine pretvaraju u raj ekvatorijalnih večeri, a ljudi se opet okupljaju na ulicama oko štandova s voćem i cvijećem, posvuda odzvanjaju zvonca bicikala i čuje se topot konja koji vuku rikše po pločnicima. U šest popodne imala sam dogovoren sastanak s upraviteljem i, da slučajno ne zaboravi na dogovor, htjela sam doći na vrijeme. Sjela sam u rikšu i rekla dječaku koji je njome upravljao da požuri. Nadala sam se da me razumio i da ćemo se uspjeti probiti kroz gužvu jer su promet usporavala kola koja su vukli volovi, nosiljke i autobusi. Tu i tamo zaklonio bi mi pogled čovjek s balom sijena na glavi (pretpostavljam da su pločnici bili preuski da idu njima) ili bi dječak naglo zakočio kako bi pustio tamnooke djevojke da dostojanstveno prijeđu cestu. Ali stigli smo do bungalova na vrijeme i upravitelj je bio u svom uredu.

Hram Minakshi u Maduraiju. Kip demona koji mrko gleda.

Kupovanje cvijeća na tržnici u Maduraiju.

Pijuckao je svježe cijeđeni sok od limete i živahno razgovarao s dvojicom muškaraca. Na njegovu je pisaćem stolu sjedilo maleno dijete s jako našminkanim očima i žutom oznakom kaste na čelu. Imalo je na sebi samo kratku košuljicu i metal na trbuhu, što je bila zaštita od zlih sila.

„Uđite, gospođo, uđite", rekao je upravitelj. „Dopustite mi da vam naručim piće". Pokazao je na dijete na stolu i rekao: „Ovo je moj sin. Što radite večeras?"

„Htjela sam s vama ići u hram na brdu", rekla sam i zahvalno prihvatila čašu svježega soka od limete, „jer ponudili ste se da ćete me odvesti onamo."

„Jesam," rekao je, „i bit će mi zadovoljstvo, veliko zadovoljstvo. A što kažete na moga sina?"

Dijete se zabavljalo stvarajući nered od upraviteljeve prepiske. Ali pisma su već bila zgužvana i dijelom poderana, a kako ih očito nije ni kanio pročitati, dao ih je djetetu da se zabavlja njima te nastavio razgovarati.

„A sada ću", odlučno je odjednom rekao, „naručiti kočiju. Ne, ne morate se vi žuriti. Ovo radim zato što moramo sve ranije organizirati želimo li dobiti dobra konja."

Hram na brdu koji smo kanili posjetiti bio je otprilike 14 kilometara udaljen od grada. Zato je bilo važno naći konja koji će imati snage odvući nas tamo i vratiti natrag. Kljusad koja je teglila različita kola po gradu bila je previše iscrpljena za dulje vožnje.

Kočija je bila ispred ulaza i upravitelj se pojavio u čistom i bijelom *dhotiju* usko omotanom oko tijela na južnoindijski način. Vani se već smračilo i prošlo je vrijeme paljenja noćnih svjetala, a uljne svjetiljke svijetlile su s obje strane kola. Obuću smo ostavili u bungalovu da je ne bismo morali ostaviti na vratima hrama. Nisam navikla hodati bosa pa sam oprezno koračale po kamenju.

Konj je uspješno svladao uspon. Žustro je kaskao po poljskom putu. Zadovoljno sam se naslonila na jednu stranu kočije i promatrala ravan i sjenovit krajolik. Razmišljala sam o tome kako je upravitelj neobično ljubazan s obzirom na to da sam samo obična mušterija. Imala sam sreće što su me pogreškom odveli do njegova bungalova. Tako sam otkrila da kod njega mogu za tri rupije unajmiti dobru sobu s tušem i dobiti dosta *curryja* za još jednu rupiju. Oprano rublje i piće za 18 rupija bili su dar upravitelja. Madurai je jedno od najzanimljivijih mjesta koja sam ikada vidjela, s iznimno očuvanim srednjovjekovnim zdanjima.

„Je li vam udobno sjediti?" okrenuo se prema meni upravitelj iz prednjeg dijela kočije gdje je razgovarao s vozačem.

„Nije baš, ali presretna sam i zato mi ne smeta."

„Približavamo se hramu, već možete vidjeti svjetla ispred."

Na beskonačnim ravnicama države Madras posjetitelja bi tu i tamo iznenadile velike stijene ili brda koja neujednačeno i izdvojeno izviru iz ravnice. Hinduisti vjeruju da su to sveta mjesta i uglavnom se u njima može pronaći hram, bilo unutar planine ili na njezinu vrhu. Ovaj je hram, jedan od najvećih u regiji, isklesan u kamenu. Iako nije slavan, lijep i nema tradiciju poput slična hrama u Maduraiju, prednost mu je to što u Svetinju nad svetinjama ne smije ući onaj tko nije hinduist. Upravitelj mi je želio pokazati svečanost koja se događala upravo ondje.

Oko hrama niknulo je raštrkano selo s ulicama na kojima je u tome trenutku bilo vrlo živahno. Vjernici su žurili u svim smjerovima, autobusi su dolazili i odlazili, skupina žena je na ulici pržila hranu na otvorenoj vatri, a dječaci su nudili voće, orašaste plodove i cvijeće onima koji su krenuli u hram.

„Moj Bože, tko je onaj čovjek?" pokazala sam prema čovjeku u crvenom i narančastožutom odijelu koji je po čelu bio premazan žutim prahom.

„Oh, to je samo sveti čovjek", rekao je upravitelj. „Molim vas, ispričajte me, idem kupiti darove za bogove."

Poslije sam doznala da se „sveti ljudi" najčešće sami proglase svetima pa mi je bilo jasno zašto se drugi prema njima odnose s nepoštovanjem. Ti ljudi provodili su dane pokraj vrata hrama u kičastoj odjeći. Ondje su meditirali, razgovarali i prosili za hranu. Kada smo stigli, nekoliko ih je sjedilo između stupova i čitalo novine.

Tržnica usred glavne dvorane hrama bila je veliki splet pokreta i boja. Štandovi su bili puni orašastih plodova, vijenaca i figurica bogova izrađenih od sandalovine, svega što je bilo potrebno vjernicima i turistima. Uzbuđena djeca sa svojim tamnookim očevima, mlade žene s jasminom u kosi te stare žene obrijanih glava, svi oni činili su egzotično mnoštvo koje je prolazilo kroz goleme dvorane i zatim se penjalo beskrajnim stubištima, a prosjaci, među kojima su bili i gubavci u posljednjem stadiju bolesti, pružali su ruke bez prstiju za njima i molili milostinju.

Najprije smo otišli do hramskog bazena, mjesta na kojem bi se vjernici „pročistili" u smeđoj vodi. Osvijetlili su ga neprimjerenim jarkim neonskim svjetlom pa je više nalikovao plivačkom bazenu. Isprva sam mislila da će upravitelj staviti pladanj sa žrtvom od kokosa i cvijeća na vodu, ali samo je hranio ribe. Vratili smo se natrag u dvorane i popeli još više te došli ispred Svetinje nad svetinjama.

„Sada razumiješ", ozbiljno mi je rekao upravitelj, „kolika je čast što možeš ući u ovo sveto mjesto koje je samo za vjernike. Dopustiš li da ti na čelo stave bijeli sveti pepeo kao simbol tvoje želje da razmišljaš, osjećaš i moliš se u zajedništvu s hinduističkim vjernicima, moći ćeš ući." Dok je govorio, premazao mi je čelo pepelom od sandalovine.

Nikada se nisam osjećala izvan elementa kao u trenutku dok sam stajala usred staroga hrama. Bila sam u špilji bez zraka u kojoj je odzvanjala čudna glazba, neobični se mirisi uzdizali u oblaku dima iz stvarnog plamena, a ljudi umjesto da kleče i mole se onako kako bi to očekivao svaki Europljanin izvodili su nekakvu čudnu gimnastiku koju nisam mogla ni gledati jer sam se sramila svog neznanja.

Svetište je imalo tri oltara, svaki je bio posvećen određenomu božanstvu i ukrašen malenim svijećama koje su gorjele pod nogama idola. Svećenici su imali dugu kosu vezanu u čvrste punđe na stražnjoj strani glave, a gola ramena i prsa bila su im posuta bijelim prahom. Naizmjence su odavali počast oltaru i donosili svetu vodu i pepeo od sandalovine okupljenim vjernicima od kojih ih je odvajala polukružna ograda. Kada je primijetio da sam strankinja, prišao mi je jedan svećenik i počeo mrmljati nešto na sanskrtu.

„Ispružite ruke," prošaptao je upravitelj, „želi vam dati svete vode".

Učinila sam kako mi je rekao i svećenik se okrenuo prema mramornom božanstvu iznad oltara i nastavio mrmljati. Vratio se s vijencem ružičasta i žuta cvijeća i stavio mi ga oko vrata. Naklonila sam glavu.

„Dajte mu nešto zauzvrat", šapnuo mi je upravitelj.

„Koliko da mu dam?"

„Koliko god, osam *anna*, rupiju, koliko hoćete."

Ubacila sam novčić u uvijek spremnu zdjelicu za milostinju koju su svećenici nosili kroz mnoštvo.

53

„Imali ste mnogo sreće," rekao je upravitelj, „mještani bi morali platiti pet rupija za jedan takav vijenac. Ovo znači da će vam bogovi ispuniti posebne želje."

Ljudi su se stalno izmjenjivali, što vjernici koji su se klanjali, što svećenici koji su im nudili bijeli pepeo za čelo, vodu za usta ili glavu, zdjelicu za milostinju. Sve je bilo u magli od dima tamjana i plamena svete vatre. Bio je to prekrasan prizor. Bez mnogo razmišljanja izvadila sam fotoaparat, namjestila bljesak, podignula ga prema očima i okinula.

Bio je to isti onaj fotoaparat koja me već uvalio u nevolju. No moram priznati da je ovaj put krivnja dijelom bila i moja. Bila sam upozorena da je zabranjeno fotografirati u Svetinji nad svetinjama, ali moja je reakcija bila rezultat impulsa „sad ili nikad" koji mi je proletio glavom. Nisam htjela uvrijediti hinduiste ili se narugati njihovoj vjeri. Samo sam htjela zadržati taj neprocjenjiv prizor koji nikada riječima ne bih uspjela opisati Europljanima, a to je prizor hinduističkoga rituala pod nazivom *puja*. Konačno, ljudi su fotografirali mnogo slika na vjenčanjima... Ali brahmani ovoga svetišta bili su uvjereni da želim oskvrnuti svete objekte i vjernici su reagirali puno žešće nego ljudi na dalekom sjeveru Indije prije dva tjedna. U jednom trenutku pomislila sam da će me linčovati. Odveli su me strogom nadzorniku hrama koji je inzistirao da otvorim fotoaparat. Govorila sam da nisam znala, molila da mi oproste i pokušavala objasniti da sam se samo divila hinduističkoj vjeri i da je nikako nisam željela oskvrnuti. Ljubazno sam odbila predati fotoaparat. Nakon nekoliko minuta rasprave situacija se smirila i pustili su me.

Kada smo izašli, probudili smo kočijaša i popeli se na slamu. Zatim smo pod zvijezdama po tvrdoj cesti kaskali natrag.

Preko ramena gledala sam kako se svjetla ispod hrama i iznad svetišta polako udaljavaju i nestaju u noći. Vozač rikše pedalirao je iza nas, samo su mu zubi svijetlili u mraku. Grizla me savjest iako mi je upravitelj rekao da se ne brinem. Nakraju, vjera je stvar pojedinca i ja vjerujem da treba poštovati tuđu vjeru i kada je ne razumijemo. Uvijek se ustručavam fotografirati čovjeka koji se moli, isto kao što sam se ustručavala fotografirati gubavce u bolnici kada sam ih posjetila. Tamo sam se čak morala prisiliti da fotografiram slijepe oči, usta bez usnica te raspadajuće tkivo, no medicinska sestra zahtijevala je da sve fotografiram i pokažem bogatim ljudima tko su ljudi kojima je potreban njihov novac. A hram, što se tamo dogodilo? Fotografirala sam kako bih pokazala ljudima kod kuće kako se mole ljudi u Indiji. Vozač rikše pokušavao nas je preteći. Uz bjesomučno pedaliranje to mu je nakraju i uspjelo. A onda je počela malena utrka u kojoj su se naizmjence pretjecali naš vozač i vozač rikše. Vozač rikše bio je u prednosti jer nije vozio putnike, ali naš je maleni konj dobro pružio korak, pogotovo nakon što je kočijaš zavitlao bičem po zraku i zaprijetio mu udarivši štapom po kotačima. Uspjeli smo preteći vozača rikše, a onda smo se odjednom oboje u istoj liniji našli na pružnom prijelazu. Vlak Trivandrum Express prošao je pokraj nas uz zviždanje i nestao u oblaku iskri. Nastavili smo se utrkivati, najprije bok uz bok, a onda smo mi izbili naprijed i nastavili punom brzinom prema Maduraiju. Naš je konjić već iscrpljeno kaskao, a vozač rikše znojio se i teško disao. Odjednom mi se učinilo da je potres. Kočija se prevrnula na desnu stranu uz oštar zvuk razbijena stakla i lomljenja drva. „Bože moj, nesreća", pomislila sam i u sljedećem trenutku bolne glave našla se na tlu s komadićima razbijene uljne svjetiljke i sadržajem svoje torbice razbacanim posvuda okolo. Niotkud se stvorila skupina ljudi koji su međusobno govorili na tamilskome i skupljali slomljene dijelove. „Jeste li ozlijeđeni? Jeste li ozlijeđeni? Boli li vas što? Krvarite li?" Neki dječak pokupio je stvari iz moje torbice i donio mi ih. Kada sam poslije provjeravala jesu li mi sve stvari tu, ništa nije nedostajalo. Pravi primjer indijskog poštenja. Bilo mi je poslije žao što mu nisam dala kakvu nagradu.

Iduće čega se sjećam bilo je da smo sjedili u rikši s kojom smo se utrkivali i vozili prema bungalovima.

„Što se dogodilo?" upitala sam.

„Slomio se kotač", odgovorio mi je upravitelj.

„Je li konjić ozlijeđen?"

„Nije, sve je u redu. Samo je kotač uništen. To se često događa. Popravit će ga sutra. Jeste li ozlijeđeni?"

Odmahnula sam glavom u kojoj mi je još tutnjalo i iskrile zvjezdice.

„To je dobro jer ste ogrebeni po nosu. I nadam se da vam je fotoaparat u komadu, da se nije slomio".

„I ja se nadam", gorljivo sam rekla.

„U suprotnome biste znali da vas bogovi kažnjavaju", dramatič-
no je rekao upravitelj. „A sada idemo podijeliti pepeo od sandalo-
vine osoblju u bungalovima. Takav je običaj."

Činilo mi se da je s fotoaparatom sve u redu pa sam nastavila
njime fotografirati tijekom boravka u Indiji. Budući da nisam imala
povjerenja u indijske fotografe, nisam znala jesu li me bogovi ka-
znili ili nisu sve dok nisam kod kuće dala izraditi fotografije. Foto-
grafija iz hinduističkoga svetišta nije imala nikakve znakove božan-
ske osvete, no nije bila neko fotografsko remek-djelo. Nisam mogla
dočekati da se jedna djevojčica iz gomile makne u stranu pa njezi-
no lice dominira pozadinom, izvan fokusa, a oznaka kaste na čelu
je zamućena. Iza nje se u pozadini slabo vidi sijedi svećenik kako
obilazi vjernike, a ono što je izgledalo kao crvena mrlja, zapravo
je bila sveta vatra. Sudeći po ostalim fotografijama, fotoaparat nije
pretrpio štetu, iako su bogovi jasno izrazili svoje nezadovoljstvo. U
cijeloj toj zbrci zaboravila sam isključiti bljeskalicu pa su fotografije
dinamičnih skulptura na velikim tornjevima hrama u Maduraiju
koje sam fotografirala idući dan ništa drugo nego – bijeli vrtlog
snježne oluje.

5.
Priče iz Malabara

I.

Kolonizacija je čudna stvar. Na trenutak sam se mogla zakleti da sam u Portugalu. Stajala sam pokraj crkve bezgrešnoga začeća Blažene Djevice Marije u Panajiju, glavnom gradu savezne države Goe, i gledala široku rijeku Mandovi preko crvenih krovova i terasa u španjolskom stilu. Goa je bila portugalska kolonija do 1961. godine kada su je Indije[3] „zauzele" ili „oslobodile" – ovisno o tome na čijoj ste strani – ali u praksi još prevladavaju duhovi dobrih starih dana. Za početak možete kupiti alkohol i to koliko god želite, čak i slatko lokalno vino ako vam se sviđa njegov okus. Možete ga piti u starom baru koji je jednako originalan kao i bilo koji bar na Pirenejskom poluotoku i vjerojatno pripada nekom gospodinu Gomezu ili Montezu, koji će vam ponuditi i novine na portugalskom. Kroz otvorena vrata možete gledati okrečene kuće s rešetkama od kovana željeza na prozorima poput onih u New Orleansu. Kokosove palme u pozadini i žene u *sarijima* u prvom planu djeluju kao da ne pripadaju slici.

Idući dan sam autobusom krenula do Stare Goe, starog portugalskoga glavnog grada u 16. i 17. stoljeću. I sam autobus bio je atrakcija – premaleno, jarko obojeno čudo iz 1920-ih s neobičnim,

---

[3] Zemlje južne i jugoistočne Azije koje obuhvaćaju cijelu nekadašnju Britansku Indiju i Nizozemsku Istočnu Indiju.

staromodnim poklopcem motora i raskošno ukrašenim prozorima bez stakala. Ljubazno sam zamolila vozača da me odveze do Stare Goe. Nakon otprilike pola sata zamolio me da izađem u pustoj šumi palmi bez ijedne građevine u vidokrugu.

„Stara Goa?" rekla sam zbunjeno, „Stara Goa?"

„Stara Goa," uporno je ponavljao, „Stara Goa."

Nije mi preostalo ništa nego izaći iz autobusa. Jedini put koji je vodio nekamo od mjesta gdje sam izašla bio je puteljak uzbrdo kroz drveće pa sam odlučila krenuti njime. Ubrzo me sa svih strana zaslijepilo sunce, a pred sobom sam ugledala divan prizor. Posvuda uokolo prekrasne ruševine – točno na vrhu brda stajao je visok toranj prepolovljen po sredini i nalikovao je starinskome televizijskom tornju, pokraj njega bila je malena bijela crkva s dvije zgrade koje su nekoć zasigurno bile samostani. U prvom planu dominiralo je impresivno raspelo koje je odoljelo svim olujama povijesti i vremena, a ispred njega bio je parkiran jarko crveni motocikl.

Dok sam nijemo stajala i upijala prizor, sitan svećenik u bijeloj mantiji s bijelim *topijem*[4] na glavi izašao je iz samostana s desne strane, skočio na motocikl i projurio kraj mene u oblaku prašine, a cijelo je vrijeme veselo mahao. To je dakle Monte Santo – Sveto brdo – i građevina desno mora da je drevni augustinski samostan sv. Monike, iako u vodiču piše da je zadnja časna sestra napustila ovaj svijet 1885. No znakova života još je bilo, čim je svećenik odjurio na motoru, začula sam gregorijansko pjevanja. Glasovi su bili visoki, gotovo dječji, bez sumnje su pjevale redovnice, dok sam prilazila, iz samostana je izašla starija časna sestra u bijelom ruhu franjevačke misionarske zajednice, kojom sam bila okružena za studija u Beču.

Navika je pokrenula razgovor – kao da sam prepoznala staru prijateljicu. Bila je to časna majka, prijateljica novakinje koju sam poznavala u Beču, a stigla je u Gou kako bi osnovala teološki fakultet za mlade časne sestre u starim samostanima previše povijesno vrijednima da bi bili srušeni. To je bio prvi kršćanski samostan na istoku sagrađen kako bi „izbrisao sramotu grijeha pred očima nebesa" na mjestu bordela i očito je u svoje vrijeme imao izvanrednu moć i važnost. Još su bili vidljivi ostaci nekadašnjeg bogatstva, primjerice derutno barokno stubište koje je vodilo do prvoga kata gdje su bile mračne sobe starih augustinskih časnih sestara, sada

---

[4] Bijela zaštitna kaciga protiv sunca u tropskim zemljama.

donekle manje tmurne zbog užadi na kojoj se sušilo redovničko donje rublje. Ponegdje je između soba u ukrašenoj niši bio maleni oltar s likovima svetaca, napuklom kadionicom ili zacrnjenim svijećnjakom. Iznad oltara lebdjeli su bucmasti mali anđeli koji su energično puhali u slomljene trube. Na jedan od tih oltara bila je naslonjena slika stare augustinske časne sestre u prirodnoj veličini u lijesu s ranama na rukama, nogama i prsima iz kojih je tekla krv. To je sestra Marija od Isusa, nekoć aristokratkinja, a sada svetica nagrađena čudom Kristovih rana za pedeset uzornih godina meditacije i mortifikacije[5] tijela. U kapeli u prizemlju mlade studentice teologije još su pjevale, a vani je zarasli vrt bujao u kaosu.

Časna majka provela me kroz fakultet: mjesto na kojem su nekada svi boravili bila je sakristija – barokni je oltar bio netaknut, negdašnje odaje novakinja postale su predavaonice, a veliki travnjak za dostojanstvenu rekreaciju augustinskih sestara sada je bio sportsko igralište. Nakon jutarnje molitve studentice bi se slile u klaustre[6] i formirale manje skupine, a cijelo su se vrijeme smijale i čavrljale. Časna majka odvela me u praznu kapelu – brod je bio namješten modernim klupama u duhu suvremenoga fakulteta, a u koru, iza rešetke od kovana željeza, bile su istrunule klupe pokojnih sestara. Visoko gore u niši s pogledom na cijelu kapelu bilo je čudesno raspelo koja se jednako štovalo sada kao i u prošlosti. Možda zbog intime stvari koje sam vidjela ili pak besramna propadanja na sve strane, ni u jednoj drugoj drevnoj građevini nisam osjetila toliko snažnu prisutnost prošlosti kao ovdje.

Prije odlaska odveli su me u posjet bolesnoj sestri iz Portugala, koja je uskoro trebala otputovati kući i umrijeti ili kako su joj govorili – izliječiti se. Imala je infekciju kralježnice i ležala je obavijena gipsom u prostoriji za jednokratna ruha. Moderni bolnički krevet bio je opremljen mrežom protiv komaraca i podesivim naslonom; kao ormarić služila joj je kamena niša u obliku anđeoskih krila. Pokraj kreveta stajala je djevojčica, siroče, bila je posvećena sestri i uvjerena da joj je majka. Bio je to bolan razgovor o Goi kakva je bila prije indijske vlasti, o obiteljskoj vili u blizini Panajija, o čežnji za domom, o životu i smrti – na neki način mi je laknulo kada me djevojčica ispratila van.

---

[5] Fizičko samokažnjavanje u svrhu pokajanja grijeha.
[6] Trijemovi na stupovima u samostanskim dvorištima.

„Gospođo," rekla mi je na vratima, „što da radim kada majka više ne bude kraj mene?"

Građevina na Monte Santu koja se uz samostan još koliko-toliko održavala bila je kapela sv. Antonija. Cijela je bila oslikana svjetloplavom temperom i podsjećala me na božićnu čestitku. Kroz otvorena vrata na lijevoj strani kapele prašnjave zrake sunca dopirale su do glave časne sestre koja se ondje molila. Kad me vidjela, dala mi je znak da sjednem dok ne završi. Nakon urednih bijelih haljina franjevačkih misionarki, njezina smeđa činila mi se prljavom i izgužvanom. Nakon molitve je ustala, pitala me kako se zovem, odakle dolazim, koliko imam godina i želim li što popiti. Posjeli su me u vrt u kojem je bosonoga djevojka krpala kaluđerski veo. Časna se sestra vratila noseći pladanj s limunovim sokom, kriškama kokosa i svježom voćnom salatom. Ispripovjedila mi je kako je situacija vrlo teška jer samo tri sestre žive posve same. Kako stvari stoje u svijetu? Je li istina da je bio rat? Bog će se pobrinuti za sve. Onda je upitala jesam li udana.

„Hm, nisam", rekla sam.

„To je dobro, onda možete postati sestra i pomoći nam – sigurna sam da biste bili jako dobra časna sestra."

Ostatak je Stare Goe na nekoliko minuta od Monte Santa. Preostale su građevine stisnute oko široka trga, nekada mjesta inkvizicijskih suđenja, a sada posve napuštenoga. Samo je jedan kip netaknut, gospodin iz 16. stoljeća u samozadovoljnoj i prenaglašenoj pozi, danas ironični svjedok nekadašnje moći. U blizini je katedrala s velikim asimetričnim brodom od bijela kamena bez jednog od dvaju tornjeva, a podalje se može vidjeti potkraljevski luk ispod kojega su potkraljevi prije nego što bi preuzeli vlast ceremonijalno prolazili ploveći rijekom iz luke.

Prošetala sam se do bazilike Dobrog Isusa i proučila raskošno pročelje. Ispred stupa ugledala sam parkirani jarko crveni motocikl, isti onaj kojim je jutros odjurio svećenik. Možda će sada imati vremena za kratak razgovor… Pozvonila sam i odveli su me na sunčanu terasu ispunjenu visećim biljkama. Upravo je prošlo 14 sati. Radnici koji su, po svemu sudeći, izvodili komplicirane strukturne popravke zgrade objedovali su i sada se odmarali pod palmama ili tuširali u fontani. Čula sam šuštanje crkvene halje i pokraj mene je stao sitni svećenik.

„Divno, zar ne! Pretpostavljam da ste došli vidjeti sv. Franju?" Rekla sam da bi mi to bila velika čast.

U bazilici Dobrog Isusa u mramornoj i intarzija prepunoj firentinskoj grobnici bilo je tijelo sv. Franje Ksaverskoga. Raskošan lijes mogao se vidjeti s donje stane, ali i s gornje strane ako ste se popeli na mali balkona povrh stuba. Mogli ste se diviti isklesanim brončanim pločama, dragom kamenju u mramoru i slikama sv. Franje koji u siromaštvu obnaša ono što je ovdje prikazano u bogatstvu.

„Prekrasno, nije li?" rekao je sretno svećenik. „Trebali biste se vratiti na naš festival 3. prosinca – to je svetkovina sv. Franje, nikad nećete vidjeti nešto slično. Svakih deset godina otkrivamo njegovo tijelo, ljudi putuju miljama kako bi to vidjeli. A glazba! Jeste li ikada čuli *mando*? To je vrsta portugalskog valcera – ljudi u Goi vole glazbu. Usto, imamo i karneval, kada svi u kostimima plešu oko grada. Ne biste vjerovali da ste u Indiji.

Nakon posjeta Sv. Franji odveli su me u salon na pravi domjenak. Osim uobičajenih indijskih *curryja* ponudili su mi i ostale specijalitete Goe koji su se mogli naći u samostanskoj kuhinji – primjerice ukusne domaće rolade koje se pripremaju prema receptu iz srednjega vijeka. Crne oči sitnoga svećenika veselo su sjajile ponad sivo prošarane brade zato što je njegova skromna hrana toliko cijenjenja, a onda mu je glavom prošla druga ideja.

„Znate što," rekao je, „što kažete na čašu vina? Portugalsko vino iz dobrih starih dana prije invazije? Samo – zadržite to za sebe."

Vino! Samo oni koji su živjeli u zemlji u kojoj je na snazi prohibicija mogu cijeniti bogatstvo luksuza sadržano u toj riječi. Nisam okusila vino od ručka u Beirutu i sada, nakon devet tjedana apstinencije, nude mi vino koje je nezakonito pet godina dozrijevalo u samostanskom podrumu i stajalo bi malo bogatstvo u nekom europskom restoranu.

„Da, to su bili dani," uzdahnuo je sitni svećenik, „sretni poput blagdanskih dana tijekom kojih je vino teklo u potocima. Sada smo siromašni, znate, bez ičeg takvog. Divna je promjena ugostiti nekoga tko to zna cijeniti, možete li zamisliti Indijca koji poznaje vina?"

Gou sam opet posjetila nakon gotovo četiri godine, bilo je to sentimentalno putovanje u nadi da ću opet doživjeti toplinu i užitak kao tijekom prvog posjeta ruševnom gradu. Poput većine ostalih mjesta, i Stara Goa je napredovala. Fakultet u samostanu sv. Monike bio je sada triput veći i upravo su trajali opsežni građevinski radovi kako bi se stare sobe preuredile u moderne spavaonice. Trima sestrama iz kapele sv. Antonija pridružio se cijeli niz novakinja. U bazilici Dobrog Isusa održavalo se svečano misno slavlje za hodočasnike; sitni bradati svećenik bio je okružen ljudima i trudio se svakomu odgovoriti na pitanje, valjalo je mnogo toga organizirati. Bio je vrlo ljubazan prema meni, rekao je kako misli da se sjeća našega prvog susreta i preporučio mi je da posjetim sv. Franju. Vani na trgu bili su štandovi sa suvenirima te hranom i pićem, restoran i turistička banka. Sumnjam da ću se ponovno vratiti u Gou.

II.

Hotel Bolgatty Palace, nekoć rezidencija guvernera Nizozemske Istočne Indije, danas je turističko odmaralište. Svatko može odsjesti u hotelu, a zapadnjaci su posebno dobrodošli. Sve što trebate napraviti kada sletite u Cochin jest otići taksijem do Vladina pansiona u Ernakulamu i upitati ih imaju li slobodnu sobu. Reći će vam kako su sobe rezervirane samo za visoke vladine dužnosnike, no dobrodošli ste u hotelu Bolgatty Palace, a oni će vam, ako želite, rado ondje organizirati smještaj. To uključuje poziv otoku Bolgattyju i određeno čekanje dok ne stigne brod – stoga vas odvedu u glavni salon za primanje i serviraju vam kavu. Netko od zaposlenika priopći vam potom da će vas uprava hotela Bolgatty Palace rado ugostiti i ljubazno pita kada želite ručak. Drugi zaposlenik konačno najavljuje dolazak broda i nekoliko slugu prenosi vam prtljagu do pristaništa na kraju vrta. Prevoze samo vas preko u namještenome motornom čamcu kojim se nekoć koristio britanski veleposlanik. Na pristaništu u vrtu hotela već vas očekuju upravitelj i njegova pratnja. Drže govor dobrodošlice u vašu čast nakon čega prolazite kroz vrt do glavnoga ulaza, najprije upravitelj, potom vi, a na kraju sluge s prtljagom. Procesija se nastavlja uz veličanstveno stubište od hrastovine koje škripi od dostojanstvene starosti i obavijeno je aurom prašine, potom kroz prostrano odmaralište sve do vašega privatnog apartmana na čijim vratima čekaju još dvojica slugu kako bi preuzeli prtljagu i doznali želite li štogod. Ako imate sreće, vaš će apartman imati spavaću sobu, dnevni boravak, garderobu i balkon te kupaonicu opremljenu velikom kadom iz najslavnijih britanskih dana. Cijela je zgrada opremljena namještajem kojim se nekoć koristio nizozemski guverner, a sada je šarmantni primjer prošlih vremena. Ormarići, komode i stolovi za posluživanje poredani su u apartmanu uza zidove blagovaonice, makar malo pohabani, a jedete pod zagušenim svjetlom velika lustera za službenim stolom za bankete s impresivnim cvjetnim aranžmanom na sredini. Ako ste pametni, inzistirat ćete na indijskom meniju. Kavu pijete za mramornim stolom na terasi, vjerojatno sjedeći u istom stolcu od pruća u kojem je sjedio i guverner. Sanjivo gledate preko vrta prepunog bugenvilija do sjenovitih ribarskih brodova na velikoj mirnoj vodi. Za dan boravka u hotelu Bolgatty Palace uručit će vam račun od dva dolara i pedeset centa na srebrnu pladnju.

III.

Cochin čine brojni otoci i jedan od njegovih nadimaka je Venecija Istoka. Osim ekskluzivna otoka Bolgattyja tu su još i otok Gunda, poznat po socijalističkoj tvornici za preradu kokosa, potom otok Willington, na kojemu su aerodrom i željeznički kolodvor, te otok Mattancherry sa židovskom sinagogom, sirijskim crkvama, portugalskom palačom, engleskim seoskim vrtom i kineskim mrežama za pecanje. Na Mattancherry sam pošla vidjeti upravo te ribarske mreže.

Dječak koji je vozio rikšu inzistirao je na tome da obiđemo cijeli otok. Bio bi to odličan prijedlog da nije izgledalo kao da će svakog trenutka početi padati kiša. U južnoj Indiji monsuni dolaze kasnije i nestabilniji su od onih na sjeveru, no nebo nije manje crno, a kiše manje obilna. A to baš i nisu idealni uvjeti za razgledanje. Jedan prijatelj iz Europe opisao je te ribarske mreže kao velike crne paukove iza kojih sjaji zlatni zalazak Sunca, no ako se nebo ne smiluje, bit će previše mračno da se išta vidi. Vrlo odgovorno i temeljito dječak me proveo od crkve do sinagoge, od tornja sa satom do palače, od džamije do hrama, a ja sam poslušno izuvala cipele tamo gdje je to trebalo, divila se svemu čemu se trebalo diviti i davala male donacije tamo gdje su ih zatražili.

„A sada kineske mreže", rekla sam nestrpljivo.

„Da, gospođo", odgovorio je dječak i nastavio pedalirati kroz prepune ulice pokraj kuća sagrađenih u engleskom pseudoelizabetanskom stilu, oko engleskoga igrališta za kriket i u elegantan vrt nalik na park.

„Što je ovo?" upitala sam.

„Engleski klub, gospođo." Nakon te rečenice se dječak, koji je već dugo teško disao, srušio na tlo.

Ni najmanja mi namjera nije bila posjetiti Engleski klub, no morala sam jer je valjalo pričekati da se dječak oporavi. U tom je trenutku iz kluba izašao mlad čovjek u kratkim hlačama, bilo je očito da je Britanac.

„Pozdrav, je li sve u redu?" rekao je. „Je li dječak bolestan?"

„Ne, samo je umoran", odgovorila sam. „No to je njegova krivnja. Vodio me u obilazak cijelog otoka, a ja sam samo htjela vidjeti kineske ribarske mreže."

„Ali ne možete ih vidjeti sada, previše je mračno. Usto, svaki tren će početi kišiti."

„Znam," odgovorila sam nesretno, „no odlazim sutra i onda ih uopće neću vidjeti."

„Znate što," rekao je dobronamjerno, „živim točno preko puta ribarskih mreža. Što kažete na piće dok kiša ne prestane, a onda ću vam ih ja pokazati uz svjetlost džepne svjetiljke." Platio je iscrpljenom dječaku i rekao mu da može ići.

„Engleski klub u Cochinu primjer je kolonijalne Engleske. Ima engleski šank od hrastovine oko kojega sjede brkati bivši vojni časnici, lamperiju na zidovima i neizbježnu vitrinu sa srebrnim sportskim peharima. Srdačan gospodin, djelovao je kao golfer, ponudio mi je prokrijumčareni šeri i prokrijumčarene cigarete te mi vrlo neotmjeno rekao da držim jezik za zubima. Također smo vrlo dugo razgovarali o „ tim prokletim Indijcima".

Čim je kiša prestala, Simon, to je bilo ime mladoga gospodina, pozvao me u svoju kuću na večeru. Imao je neku neodredivu, melankoličnu auru zbog koje sam se pitala čezne li za domom. Kuća mu je bila sagrađena u tipičnom pseudoelizabetanskom stilu, a preko ceste mogla sam vidjeti tamne obrise ribarskih mreža. Salon za primanje bio je udoban, ali previše uredan, a uz naslon kutne sofe pravilno se izmjenjivalo desetak savršeno posloganih žutih i zelenih jastučića. Stolići i ormarići bili su prepuni fotografija iste mlade žene, a na najvišoj polici za knjige bila je uokvirena vjenčana fotografija. Čudno da uopće nije spomenuo svoju ženu.

Maleni i tihi indijski kuhar poslužio nam je piće i tipičan zapadnjački obrok. Ne mogu se sjetiti teme razgovora, no sigurna sam da je bila riječ o neobaveznom čavrljanju. Simonovo prolijevanje viskija po mojoj haljini probilo je led. Morali smo je namočiti u kupaonici i Simon mi je posudio ženski kućni ogrtač.

„Pripada mojoj ženi," rekao je, „ali ona je teško bolesna i neće ozdraviti. Neće joj više trebati."

Sjećam se da je svirao Beethovenov Koncert za klavir i orkestar br. 5 u Es-duru i da mi je laknulo što sam, zbog niza moćnih akorda, mogla razmisliti i smisliti izgovor.

„Žao mi je", rekla sam neuvjerljivo u sljedećem pianissimu, „i doista se nadam da ste u krivu."

Simon je sigurno čuo taj komentar već stotinu puta i odsutno je potonuo u tamu.

Ljupko uvjerljiv drugi stavak ublažio je neugodu pristojnosti. Priča je bila vrlo jednostavna. Simon se oženio prije tri godine i dobio sina koji je sada imao dvije godine. Njegova je žena oboljela od toliko rijetke bolesti da nije bilo ni imena za nju. Izvor joj je navodno zaražena svinjetina koja nosi parazite koji se normalno pojavljuju u crijevima kao crvi. No kod njegove žene pojavili su se u mozgu. Počelo je s glavoboljama, potom su uslijedile nesvjestice i napadaji ludila. Od liječnika do liječnika, od specijalista do specijalista, od bolnice do bolnice, jedna operacija za drugom, a onda su je morali avionom prevesti u London. U tom je trenutku, prema Simonovim riječima, ležala u dubokoj komi u mračnoj sobi, slijepa i bez kose s gotovo posve uklonjenom lubanjom i mozgom nateklim do monstruoznih proporcija. Hranili su je na cjevčicu i neprestano joj davali lijekove protiv upale pluća. Priroda joj je namijenila da umre, Simon je svakako želio da umre, no čuda moderne medicine držala su je na životu, ako se to može tako nazvati. Simon je zamolio upravu bolnice da ne dopuste nikomu da je posjećuje. A što je sa sinom? Toga je popodneva završio u bolnici i na promatranju je. Postoji mogućnost da i on boluje od iste bolesti.

Treći se stavak srušio na nas hvalospjevom nalik oluji radosti. „Moj Bože," rekla sam, „zašto Kempff mora napraviti takvu buku svaki put kad postane strastven?"

Sljedeći dan putovala sam vlakom na jug kroz tropski raj savezne države Kerale. Rižina su polja sjala na jutarnjem suncu, mnoštvo kokosovih palmi naginjalo se preko bijelih plaža i hvatalo svoj odraz u moru, a rijetke japanske ribarice klizile su po sanjivim rukavcima. Vidjela sam i mnogo kineskih ribarskih mreža, veliki crni pauci na sjajnom plavom nebu koji su u svojim očnjacima držali slijepu ženu bez kose, s monstruozno natečenom glavom. Vidjela sam je i u budnim crnim očima Indijaca nakrcanih u vlaku oko mene i još me proganjala dok sam teška srca isplovljavala iz mumbajske luke na putu natrag u Europu zaklinjući se da ću se jednoga dana vratiti.

Kineska ribarska mreža ispred obale Cochina.

Kad sam putovala sama
1966

Saudijska Arabija i
Srednja Amerika

6.
Moj život u pustinji

Zarazila sam se putovanjima, a groznica bi se posebno pojavila poput napada malarije tijekom zime. I zato sam kada me Rashida Basheer, Indijka s kojom sam sudjelovala u pobuni u Damasku, pozvala da dođem k njoj i ublažim joj monotoniju života u Saudijskoj Arabiji, pristala isti trenutak. Prije polaska iskrsnulo je mnogo birokratskih prepreka jer Saudijci ne vole turiste. Moj je posjet stoga poprimio službenu notu te sam pozvana kao gost Aramca, arapsko-američke naftne kompanije za koju je radio Rashidin muž. No i dalje nešto nije štimalo i jasno se sjećam brojnih telegrama i izjava. Takvo što u to vrijeme bila mi je potpuna nepoznanica jer nisam mogla shvatiti zašto bi me netko pokušavao spriječiti da dođem na teritorij Saudijske Arabije ako to želim. Nakon mnogo zbrke i uz neumorna nastojanja službenika zračnog prijevoznika, u Beirutu su mi odobrili vizu pola sata prije ukrcaja na avion za Dhahran.

Nitko me nije čekao u zračnoj luci jer nitko nije ni znao da dolazim. Tako da sam učinila što bi svaki Europljanin učinio u takvoj situaciji – sjela sam u taksi. Bio je to prekrasan taksi, dugačak, gladak, sjajan, najnoviji američki model, gotovo predobar za pusti pijesak kroz koji smo prolazili. Nisam se uopće premišljala da uzmem taksi i nije mi bilo jasno zašto me vozač cijelo vrijeme zbunjeno promatra u retrovizoru i govori da sam vrlo hrabra žena. Problem je bio u tome što je radno vrijeme već bilo prošlo, a ja nisam imala Rashidinu adresu, tako da smo se raspitivali u Aramcu za nekog zaposlenika po prezimenu Basheer. Tamo su nam rekli da ih ima nekoliko, otprilike su nam objasnili gdje koji živi, da bismo napokon i stigli na pravo mjesto. Na vratima me dočekala Rashida, iznenađena i puna olakšanja: „Znaš, bilo je jako glupo od tebe što si sjela sama u taksi," rekla je, „mogao te netko odvesti u pustinju i silovati."

Tada sam spoznala da je svaka muslimanska zemlja svijet muškaraca. U Dhahranu nisam smjela sama izaći na ulicu, a čak i kad bih se izmigoljila pratnji, ugodnije sam se osjećala s dugim velom kakav su nosile tamošnje žene. I čudno je koliko mogu buljiti u tebe, iako ondje ima i mnogo Indijki koje ne nose veo te vrlo mnogo Amerikanki. Dane u Dhahranu dugo ću pamtiti upravo po njihovoj bizarnosti. Saudijska Arabija je imućna zemlja, ali nema mnogo mjesta koja možete posjetiti. Posvuda su samo Chevroleti i Cadillaci koji jure pustinjom i rafinerije nafte koje plamte nad pustim pijeskom. Francuski parfemi i američke cigarete mogu se na tržnici kupiti za sitniš, a televizijske antene izdižu se u jarko nebo tik uz prašnjave palme datulja. Otišli smo k Rashidinim prijateljima iz Pakistana, posjećivali smo obitelj po obitelj, odvezli se da vidimo oazu i na jednodnevni izlet u beduinski tabor. Zatim su me odveli do neke formacije u stijeni i pozvali me da navratim opet navečer na čašicu nezakonito pripravljena domaćeg viskija. Saudijska vlada fanatično zabranjuje alkohol, a Saudijci ga jednako tako fanatično vole piti. Jednom sam upitala umjereno pobožnoga muslimana zašto si uskraćuje svinjetinu, a pije viski, ako mu vjera brani oboje.

„Svinjetina je zabranjena i gadi mi se, a umjesto nje mogu jesti janjetinu", odgovorio je. „Viski je zabranjen, ali uživam u njemu i ne mogu mu naći zamjenu. Zato ga pijem."

Te večeri je zabranjeni i navodno tako prijatni viski svima udario u glavu. Noć je kulminirala gorućom raspravom o Izraelu. Bila je 1966., godina prije sedmodnevnog rata, a meni još nije bio jasan razlog tog ljutog neprijateljstva. Prije dolaska u Saudijsku Arabiju provela sam Veliki tjedan i Uskrs najprije u starom dijelu Jeruzalema, a potom u Jordanu. Od novoga dijela Jeruzalema bili smo odvojeni bodljikavom žicom i prolazom Mandelbaum. Jednom sam posve nevino poželjela banuti u Izrael na cjelodnevni šoping, ali neumoljivi me službenik upozorio da se više neću moći vratiti. Za utjehu i iz prkosa besmislenom ograničenju kroz prorez na jakni fotografirala sam prolaz Mandelbaum. Znam da to nijednom Arapinu ne bi bilo smiješno i iskreno se nadam da me neće jednoga dana oteti jer sam se odala. No u to vrijeme smatrala sam to neprijateljstvo beznačajnim, a arapske izbjegličke kampove nepotrebnim zlom koje bi se moglo već sutra riješiti da je na vlasti tko sposobniji. A fanatična i strastvena mržnja kojoj sam bila svjedok te večeri i koja je kulminirala pijanom zakletvom da će izbrisati državu Izrael s lica zemlje šokirala me više od sve gladi i svih bolesti uz koje sam živjela u Indiji.

Najnepristraniji i najtolerantniji Arapin kojega sam upoznala bio je gospodin po imenu Abdul Rahim. Bio je poseban čovjek. Službeno je bio zaposlenik Aramca, ali nije volio svoj posao i zato ga nije shvaćao ozbiljno. Na pameti mu je više bilo slikanje kaotičnih slika i izrada lutaka od palmina lišća koje je želio da mu ih prodam u Njemačkoj. Izvodio me na večernje obilaske u svojoj prastaroj limuzini, pričao o tome kako doživljava zapad i upoznao sa svojim prijateljima. To je u nekoliko navrata stvorilo probleme jer muškaraca često nije bilo kod kuće, a običaji su zabranjivali da promatra tuđe žene. Sa ženama svojih prijatelja tada je morao razgovarati preko zatvorenih vrata ili bi se pak Adbul Rahim skrivao iza hladnjaka u hodniku, a gazdarica u spavaćoj sobi. Jednom me poveo u elegantni dom jednog od čelnih Aramcovih ljudi uređen u zapadnjačkom stilu. Gospodin mi je dopustio da fotografiram njegovu ženu u tradicionalnoj arapskoj odjeći, ali mi je zabranio da fotografiju poslije objavim. Razlog – da neki strastveni Europljanin ne dođe i ne otme mu ženu jer ne može odoljeti njezinoj očaravajućoj ljepoti. Neobično je kako ljudi pretjerano dožive neke vaše postupke.

Jednoga dana posjetio me Abdul Rahim i priopćio mi da mora krenuti u potragu za ženom.

„Zašto? Zar ste je izgubili?" upitala sam.

„Zapravo da," odgovorio je, „vidite, kraljica ju je pozvala u Riyadh prije dva tjedna i otad mi se više nije javila. A poslao sam joj bezbroj telegrama. Sutra odlazim u Riyadh kako bih doznao što smjera. A svratio sam upitati vas treba li vam prijevoz."

Riyadh je glavni grad Saudijske Arabije, negdje vrlo ortodoksan, a na drugim mjestima pak neobično moderan. Željela sam, kad sam već te sreće da boravim u toj zemlji, vidjeti više od Dhahrana i njegove okolice. A kako nisam mogla ući ni u Meku ni u Medinu, a Jiddah je bila predaleko, kanila sam otputovati željeznicom do Riyadha. Sada mi je žena Abdula Rahima poprilično olakšala stvari.

Dio dana radila je kao kraljičina dvorska dama na dvoru pa su je malo trampili Abdul Rahim, a malo Njezino Veličanstvo.

Za razgovora sam doznala da je Abdul Rahim izgubio i mlađega brata pa i njega ide potražiti u Riyadh.

Krenuli smo idući dan u pet ujutro kako bismo stigli prije podnevne žege. Sunce se tek probijalo kroz pustinjsku izmaglicu i bacalo svoje zrake na Aramcovo sjedište. Nekako me podsjetilo na beduinski tabor koji sam posjetila prije nekoliko dana. Doručkovali smo u Aramcovoj kantini u nekom drugom „naftnom" gradu zvanom Abqaiq i u osam smo već bili u srcu pustinje. Potom nam je puknula guma. Za običnog civiliziranog zapadnjaka puknuta guma, ako ikad pukne, nije nikakav problem. Ali kada mi je Abdul Rahim pokazao svoju rezervnu gumu, zapitala sam se hoćemo li se pomaknuti više od deset metara s mjesta na kojem smo zapeli. Bila je sva istrošena, a jedina razlika između rezervne i puknute gume bila je ta što ova nije imala rupu. I kao što sam mogla očekivati, Abdulov alat nije bio ispravan. Nije imao dizalicu za auto, već je posudio jednu od kolege koji je imao Mini Morrisa – i on je sada s pomoću tog minijaturnog izuma pokušavao podići svoju limuzinu. Štoviše, priznao je da se nije sjetio odvesti automobil na servis, dijelom se bojao da motoru treba zamijeniti ulje. Iz nevolje nas je izbavio dobronamjerni vozač kamiona koji se pojavio gotovo niotkud – on nam je posudio svoju dizalicu, pomogao zamijeniti gumu i poželio sretan put.

Bilo je moguće da nam se ista stvar dogodi ponovno. Tako da se Abdul Rahim odlučio vratiti u Dhahran, kupiti novu gumu, dati pregledati motor i zamijeniti ulje. Stigli smo netom nakon deset i trideset i otišli kod Abdula Rahima popiti kavu prije nego što smo se trebali suočiti s namještenikom u banci radi još jednog prekoračenja na računu jer smo morali platiti novu gumu. Konačno smo napustili Dhahran u podne i trideset – u vrijeme kada smo u početku namjeravali stići u Riyadh.

Dalje na putu nije bilo problema, osim silne žege koja nas je ubijala dok smo odmicali dalje i dalje kroz vječni pijesak. Tu i tamo susreli bismo koju devu, možda karavanu beduina s njihovim psima i devama, ali inače ništa, ništa osim rupa na cesti i hrbata stvorenih od nanosa meka pijeska nalik brdima. U jednom je trenutku vjetar nanio oblake pijeska na cestu i u auto, a mi smo ga nastavili preživati i vaditi iz očiju i ušiju cijelim putem do Riyadha. U četiri smo ručali masnu janjetinu u nekoj daščari i pritom se natjecali s muhama u tome tko će je prvi slistiti. A kada smo ugledali rijadske minarete na horizontu, Sunce je već zalazilo.

Abdul Rahim odlučio je najprije potražiti brata, a ja sam ga ostala čekati u automobilu. Vratio se nakon nekog vremena i rekao da brata nije pronašao, ali jest ključ njegova stana. Ako mi je to po volji, u stanu možemo prespavati i tako uštedjeti novac za hotel.

Stan je bio, rekla bih, najprljavija ljudska nastamba koju sam ikad vidjela. Brat Abdula Rahima bio je samac i više ga je zanimalo kartanje i piće od kućanskih poslova. Abdul Rahim coktao je jezikom dok smo nabadali iz sobe u sobu spotičući se o prazne boce i iskašljavajući prašinu i čvrsto odlučio ozbiljno porazgovarati s mladim Abdullahom o tome kako treba živjeti civilizirani muškarac da ne bismo morali svjedočiti još jednom Hamedu. Hamed je bio Abdulov stariji brat, kronični alkoholičar kojega smo bili predali nekomu rođaku na posebnu brigu tjedan dana prije toga. Bilo je to neugodno iskustvo: Hamed bi poput utvare sjedio na stražnjem sjedalu automobila te tu i tamo, no uvijek u najneprikladnijim trenucima, otvorio usta kad bi osjetio prirodnu potrebu.

Abdul Rahim popravio je bojler tek toliko da smo se mogli okupati, a ja sam obrisala površinu stola od pepela, opušaka i trulih kora banana kako bismo mogli večerati. Od struje smo odustali pa smo uz svijeće pojeli lepinju i kozji sir, po koje se Abdul zaletio na tržnicu. A ono što mnogo govori o Abdulu Rahimu, posebno u usporedbi s mojim iskustvima u drugim muslimanskim zemljama, jest to da se sve vrijeme dok nismo napustili stan ponašao kao džentlmen.

Sljedeće smo se jutro zaputili u potragu za njegovom ženom. Više se ne sjećam kako, ali našli smo je u bolnici, ručali smo i odvezli se natrag u palaču po njezine stvari. Upravo sam tamo s kraljičinim bratom pila kavu iz zlatnih šalica. Njezino Veličanstvo još je spavalo jer je noć prije bilo neko slavlje i nije nam se moglo pridružiti. Budući da je bio blizak krvni srodnik, njezin je brat smio ući u privatne ženske odaje i ljubazno nas zamoliti da je zastupa. Iza zatvorenih prozorskih kapaka soba je bila mračna, namještaj težak, dragocjen i fino obrađen, a sa zidova su visjeli zastori oslikani različitim prizorima. Bio je to svijet za sebe, neobično je odudarao od života u pustinji.

Abdul Rahim odlučio je krenuti u Dhahran te iste večeri, no u međuvremenu je namjeravao nastaviti tražiti brata. Da se ne dosađujem dok čekam, unajmio je automobil i vodiča koji će mi pokazati grad. Rekla sam vodiču da bih više od ičega željela vidjeti njegov dom – bila sam već tri tjedna u Saudijskoj Arabiji, a nisam upoznala nijednu arapsku obitelj. Djelovao je iznenađeno, ali i oduševljeno, pokazao mi je svoju kolibu i dvorište u kojem su njegova žena i djeca radili iza zatvorenih vrata, ponudili su me pićem i počastili slasticama te obilno zalili parfemom po rukama i vratu u znak dobrodošlice i slatke okrepe. A posebnu su mi čast iskazali kada je njegova žena, umjesto da očekuje da sjednem na tepih, otišla u drugi dio kuće po stolac.

I vodič je svoj posao obavio vrlo savjesno – proveo me kroz cijeli stari dio grada i pokazao mi sve kuće od zemljane opeke sa zarezanim rubovima koje izgledaju kao gomile dvoraca u pijesku. Istražili smo palaču Murabbu i vidjeli koplje još uglavljeno u zid, a bilo je namijenjeno vladaru iz 1902. godine, vremena kada je Abd al-Aziz osvojio grad. Pokazao mi je nekoliko džamija izvana, svjedočila sam melankoličnu poviku mujezina i gledala pod drvećem vjernike opružene na svojim prostirkama za molitvu. Odvezli smo se potom izvan grada do ljetne palače u pustinji, a onda natrag do novoga dijela grada i sveučilišta te do posebnog mjesta gdje smo promatrali zalazak Sunca. Kada sam se vratila u stan, bilo je već prilično kasno i nadala sam se da Abdul Rahim nije previše zabrinut. Ali tjeskoba je bila suvišna: on je još vani tražio brata.

Krenuli smo naravno mnogo kasnije nego što smo namjeravali. Budući da se Abdullah niotkud nije pojavljivao, Abdul Rahim zlovoljno je izjavio neka se nosi k vragu i mi smo napustili grad, usput smo ipak stali u zračnoj luci, da kojim slučajem mladić nije rezervirao neki let. Na povratku smo imali poteškoća jer Abdul Rahim nije imao neku vrlo važnu dozvolu i inzistirao je na tome da njegova žena nosi arapska odjeću te da obje imamo veo. Prihvatila sam ovu noćnu maškaranu zabavu iako nikada nisam shvatila njezinu poantu. Istina, na jednome mjestu zaustavili su nas ljudi u uniformama i Abdul Rahim se žestoko s njima prepirao na arapskome pokazavši im najprije svoju ženu, a onda i mene, oni su kimnuli glavom, salutirali i mi smo produžili dalje. Saudijci, činilo se, barem poštuju privatnost svojih žena.

Priča je završila, bojim se, kao loš vic. Kada smo sutradan stigli u kuću Abdula Rahima, našli smo Abdullaha usred jutarnje molitve. A pobožni je musliman prije toga iskapio obiteljsku zalihu viskija.

Parada nezavisnosti u gradu Gvatemala.

Nedjeljno jutro u Chichecastenangu.

7.
Prizori iz Gvatemale (i)

Nema mnogo smisla Amerikancima govoriti o Americi. Pritom dakako mislim na Sjedinjene Američke Države. Iz tog sam razloga odlučila preskočiti priču o letu iz New Yorka za Meksiko, s presjedanjem u New Orleansu, i početi pripovijest s meksičkim gradićem na tihooceanskoj obali pod imenom Tehuantepec. Bio je rujan 1966., a ja sam čekala da me pokupi džip i odveze u Gvatemalu. Neki francuski novinar i njegova dva prijatelja Švicarca na putu za Peru ponudili su mi mjesto na stražnjem sjedalu među prtljagom.

Tehuantepec je poznat po ženama. Ne samo da su prekrasne i pametne, već su i odgovorne za poslove cijele zajednice. U Tehuantepecu je zapravo matrijarhalni sustav društvenih odnosa. Muškarci ostaju kod kuće i „rade" ili izlaze i piju dok njihove gospođe raspravljaju u gradskom vijeću, upravljaju trgovinama, organiziraju sastanke, podučavaju u školama i nadziru rad banaka. Muškarci su sitni, spori i ponizni, a njihove žene autoritativne i ponosite. Dok sam sjedila na tržnici i čekala, preda mnom se održavao nekakav festival. Žene Tehuantepeca marširale su u povorci, sve u raskošnim, svečanim opravama. Duge suknje vukle su im se po tlu, nosile su bogato ukrašene steznike, imale blistave ukrase u kosi i bile nakićene cvijećem. A muževi su ih u običnoj, svakidašnjoj odjeći pokorno slijedili na konjima.

Džip je stigao, uspela sam se među prtljagu i krenusmo. Najveća prednost ove vožnje bili su upola jeftiniji troškovi prijevoza do Gvatemale – da nije bilo tako, vjerujem da bih od putovanja više imala da sam ostala sama. Nisam baš od jaja na oko s plamenika kad možeš naručiti *enchiladas a la oaxaquena*[7] na tržnici za gotovo istu cijenu, a još manje od priča o različitim troškovima života u Francuskoj, Švicarskoj i Njemačkoj kada sam doputovala tako daleko da bih upoznala Meksiko. A i inače imam više sreće kada se sama snalazim za smještaj. No na jednom ću iskustvu zauvijek biti zahvalna francuskom novinaru jer to ne bih doživjela bez njega – bio je to posjet Chamuli.

Chamula je drevna indijanska naseobina visoko u planinama meksičke države Chiapas, u tako zabačenom i teško dostupnom predjelu da samo džipom možete stići onamo. Bio je sumoran i siv dan usred kišne sezone, a kako je baš dan prije pao snažan pljusak, imali smo priliku svjedočiti održavanju sajma – u blatu. Postupili smo po uzoru na lokalno stanovništvo: izuli smo cipele i gacali po blatu. Tamošnji ljudi čiste su indijanske krvi, govore drevnim jezikom zvanim *totzil*, nose ručno ispredenu odjeću crne i bijele boje te žive u okruglastim drvenim kolibama kakve možete vidjeti u svakom drugom vesternu. Trg na kojemu se održavao sajam bio je prostran, a šatori mali i ofucani. U blizini je bila seoska crkva u kojoj su se održavali tradicionalni indijanski vjerski obredi: klupa nigdje nije bilo, samo trava i slama koji se prostiru na mjestu gdje ljudi kleče i s mnogo žara pjevaju drevne hvalospjeve pred treperavim svijećama. Nikome nije nedostajao oltar. Neka se posebna svečanost održavala toga nedjeljnog jutra: miris tamjana osjećao se posvuda, neki muškarci držali su velik komad tkanine u zraku, svirao je orkestar frula i neke vrste mandolina. Sve je bilo tako ugodno, ljudi su međusobno razgovarali i jeli banane. Poslije sam od starješine doznala da je to ceremonija koja prethodi festivalu: razodijevali su kip zaštitnika sela kako bi mu mogli oprati odjeću za veliki dan. Naposljetku, svi moraju imati svježe opranu odjeću za festival, zar ne? To me podsjetilo na idola jednog hinduističkog božanstva kojeg uvijek kupaju dan prije njegova blagdana, nakon čega se on prehladi i moraju ga skloniti na tjedan dana kako bi se oporavio. Indijanci su uklopili svoje bogove u kršćanstvo, ali ih nisu promijenili.

Stigli smo u Gvatemalu sutradan, nakon što smo se probili kroz carinu i satima drndali po pješčanim brazdama Panameričke autoceste. U samome gradu Guatemali Francuz nas je sve smjestio u

---

[7] Tipično meksičko jelo.

80

neki sumnjivi hotel i odmah odjurio nekoga intervjuirati o aktualnoj političkoj situaciji. Nakon nekog vremena, koje sam provela stisnuta na neudobnom stražnjem sjedalu džipa, priuštila sam sebi luksuz koji pružaju kupka i čista odjeća te otišla potražiti bolje mjesto za boravak. Moje nade da ću naći sobu u nekoj privatnoj kući odmah su sasječene u korijenu: u Gvatemali to nije uobičajeno i nije mi moglo pomoći ni britansko veleposlanstvo. Kako bih se utješila, otišla sam u neki fini mali restoran i naručila obrok – gvatemalsko jelo s paprikama i prženim bananama. Kada sam pokušala još malo začiniti jelo umakom od čilija, naizgled potpuno nova boca dramatično je eksplodirala odašiljući crvene mrlje po stropu i mojoj svježe opranoj bijeloj odjeći. Posramljena i puna isprika, vlasnica je pristigla s krpom te me stala brisati. Oštar prigovor koji sam namjeravala zaustiti na svom lošem španjolskom ugušio je poriv za smijanjem. Vlasnica se s olakšanjem i sama nasmijala, počele smo razgovarati, pitala me gdje sam odsjela, rekla mi da hotel nije mjesto za mladu ženu koja drži do svog ugleda te da bi mi ona mogla, ako ja to želim, ponuditi sobu u svojoj kući. I tako sam na kraju odsjela u luksuznoj vili u Gvatemali s kupaonicom i dvjema služavkama za dva dolara na dan.

Petnaesti je rujna Dan nezavisnosti Srednje Amerike, nešto između pučkoga festivala i državne parade. Pučki dio održava se noć prije: u svakome gradu središnji trg *zocalo* blistavo je osvijetljen, a zvuci *marimbe*[8] odzvanjaju posvuda uokolo. Odlutala sam među ljude sa svojim dvjema služavkama i kupila im nekoliko lizalica u državnim bojama. Sve je bilo pomalo neuvježbano, ali zbog toga i veselije: ljudi su plesali, pjevali, palili petarde i prolazili ulicama na okićenim kolima. Nešto prije ponoći svi su nahrupili pred Nacionalnu palaču s čijih su balkona visjele zastave u plavoj i bijeloj boji, netko je tada održao dirljiv govor i kad je otkucala ponoć, zvona katedrale moćno su se i prodorno oglasila, topovi ispalili zaglušujući *salud* u noć, a jednoglasan se povik prolomio mnoštvom: „Živjela Gvatemala! Živjela nezavisnost! Živjela!“

„Živjela Gvatemala! Živjela!“ viknula sam i ja u ekstazi i pomislila kako je domoljublje čudna stvar.

---

[8] Vrsta udaraljki.

Dan poslije održana je trosatna parada kroz grad na kojoj su bili predstavnici svih mogućih pukovnija, udruga, tvrtki, fakulteta i škola. Bila je to živopisna parada, kostimi Maya bili su poseban prizor, a uniforme pokazatelj civilizirane zemlje, posebno na školarkama, koje su u njima izgledale kao stjuardese. Vojnici su doduše bili jad i bijeda i činilo se da se nitko nije trudio stajati u vrsti: jedni su se vukli, drugi tumarali posvuda, neki su žvakali gumu za žvakanje, treći pak razgovarali s mnoštvom – a marš iz *Aide,* koji je odsvirao pijani sastav gradske straže, bio je dovoljan da vam zgadi Verdija za cijeli život.

„Živjela neovisnost! Živjela Gvatemala!" vikalo je mnoštvo dok su prolazila posljednja nakićena kola s nacionalnim simbolima i lokalnim ljepoticama. „Živjela!" nastavilo se kad se predsjednik pojavio na balkonu palače... „Živjela Gvatemala!" derala sam se ja u zboru sa mnoštvom, „Živjela domovina!" dok su bubnjevi odmicali na kolima – i promislila kako opasno može biti domoljublje.

Nekom se zgodom 1696. godine neki svećenik sam probijao kroz gvatemalsku džunglu na putu u Meksiko. Odjednom je naišao na nešto što je izgledalo poput strme litice koja se uspinjala iznad drveća.

Negdje oko 1880. skupina ljudi probijala se kroz džunglu u potrazi za kaučukom. Odjednom su naišli na – hram.

Ruševine grada Maya smještene usred džungle poznate su pod imenom Tikal. Donde se sasvim ugodno može doći avionom, mala je to Dakota posve opskrbljena svime za arheologe i lugare. Oko iskopina niknulo je seoce u kojem je moguće prenoćiti. U ponudi su čak i organizirane ture s vodičem i hoteli za turiste.

Ideja o organiziranoj turi nije mi se baš svidjela i tako sam ja lutala putovima džungle s Njemicom koju sam upoznala u avionu. Bila je iz Connecticuta i zvala se gospođa Waltraud B. Todd. Bilo je ugodno prohladno među drvećem, sve je vrvjelo insektima, a povijuše su se provlačile kroz zapleteno granje. Skočile smo u stranu da bismo propustile džip koji je klepetao za nama – zaustavio se, a vozač nas je upitao treba li nam prijevoz. Ispalo je da je arheolog koji se smrtno dosađivao u džungli i bio je oduševljen što može s nekim popričati. Ponudio se da nam pokaže mjesto.

Hram broj jedan na velikom kamenom trgu cijeli je iskopan i tko želi, može se uspeti uza svih devedeset i šest njegovih stuba. To

Tikal. Hram Maya na velikom kamenom trgu.

Tikal. Hram natpisa.

je zapravo više nego što zvuči, Maye su vjerovali da bi put do neba trebao biti trnovit te su zidali stube tri puta više od onoga što bi čovjeku bilo ugodno. Na vrhu je žrtvenik gdje su ljudima na živo vadili srca i držali ih visoko u zraku kako bi ih mnoštvo odozdo moglo vidjeti. Posvuda uokolo je džungla poput beskrajnog zelenog mora s vrhovima hramova koji se izdižu iz njega. Hram natpisa[9] nije uključen u uobičajenu turu i imale smo sreće što smo ga vidjele. Put do njega probijen kroz džunglu još nije dosegnuo standarde koje zahtijeva turistički komfor pa samo arheolozi – i njihovi gosti – mogu tuda proći. Hram je dijelom iskopan: s jedne su strane zamršeni natpisi uklesani u kamen, a s druge su isklesana dva velika oka čiji prodoran pogled povrh golema nosa kroz drveće cilja baš u beznačajnoga gledatelja na tlu.

No najuzbudljiviji je hram broj četiri. Još nije iskopan, a da biste se popeli na njegov vrh, morate se pentrati po korijenju drveća koje raste iz njegovih zidova. Obilazak tog hrama ostavili smo za predvečer, a s vrha toga najvišeg spomenika drevnoga Tikala mogli smo vidjeti kako se magličasto, tamnozeleno more džungle, sada daleko pod nama, stapa s vlažnim, sparnim zalaskom Sunca.

U džungli je magla čak i danju, a drveće je tako gusto da ondje ne može rasti nikakvo cvijeće. Na mjestima svjetlost ipak prodire kroz grmlje i palmine listove, zrak tada miriše po vlažnom lišću i vruć je pri udahu.

Tek noću džungla oživi, prepuna je duhova, mraka, ptičjeg cvrkuta, različitih zvižduka i pjevušenja, cvrčaka koji skakuću po ruševnim hramovima i palačama. A zrak kao da vibrira od te zaglušujuće „musicae de la noche".[10]

Ponudili su nam sobu u malome seoskom muzeju. Za vrijeme ručka zamolila sam jednog mještanina koji je uživao u uobičajenom popodnevnom odmoru u mreži rastegnutoj među drvećem da nam preporuči prenoćište jer nismo htjele potrošiti šest dolara na hotel. Odveo nas je kustosu muzeja kojega je pratila reputacija da zna sve. Njegova je obitelj upravo bila na odmoru u Guatemali, a on je bio sretan što nam može ponuditi dječju sobu. Bio je fanatični idealist, a antropologija mu je bila religija; ne mogu se sjetiti da sam ikada toliko razgovarala o ljubavi prema bližnjima i povijesnom

---

[9] Orig. *Temple of Inscriptions*.
[10] Noćna glazba, glazba noći.

razvoju čovječanstva koliko za večerom te noći. A onda sam, s plemenitim riječima koje su mi zvonile u ušima, legla pod šuštav krov od palmina lišća i osluškivala simfoniju noći tamo vani. Nekako je lakše biti idealističan u džungli.

Drevni Maye sagradili su velik grad za dvjesto tisuća stanovnika usred tropske ravnice i podignuli goleme spomenike od klesana kamena.

Današnji Maye žive u selima s nekoliko stotina stanovnika usred slatke planinske svježine i zarađuju za život tkanjem šareno obojenih tkanina.

Mayaland of Eternal Spring (Zemlja Maya Vječnog Proljeća) – vulkanski lanac Srednje Amerike, miriše na cvjetanje i treperi od plavozelenih jezera.

Najpoznatije je vulkansko jezero u Gvatemali jezero Atitlan. Zanimljivo je po dubokoj, bistroj vodi, vulkanima koji ga okružuju i obalnim selima u kojima žive Maye. Pošla sam tamo za vikend – moja je stanodavka u gradu Guatemali organizirala izlet s prijateljima. No nešto je pošlo po krivu, ne sjećam se više što, i morala sam ići sama. Autobus me ostavio u malome selu, a isti dan natrag više nisu vozili autobusi. Stoga mi nije preostalo drugo nego stopirati. Nisam čekala ni deset minuta kad je bež Volkswagen stao pokraj mene: unutra su bila dva studenta iz Münchena.

Kampirali smo pokraj jezera, razgovarali o kulturnom životu Münchena, njegovim beznadno prenapučenim sveučilištima i o tome tko živi u kojoj ulici. Večerali smo bavarske mesne okruglice s čilijem. Dan je bio oblačan pa je jezerska voda imala nijansu sive koju možete naći posvuda. Te je noći Atitlan svoju ljepotu otkrio u djeliću sekunde: munja jasna kao dan proparala je nebo i pokazala udaljeni vulkanski stožac iznad bijele vode.

Sljedeći je dan bio sunčan i pun boja pa smo krenuli rano; studenti su nastavili svojim putem, a ja sam krenula dalje svojim. Možda je prolaznost takvih poznanstava u kombinaciji s intenzitetom onoga što iskusite zajedno ono zbog čega ih se tako jasno sjećate.

Brodom sam otišla do sela Maya pod imenom Santiago Atitlan koje je preporučila moja stanodavka. Pomalo me zbunilo što su seljani plaćali jednu cijenu da prijeđu preko vode, a turisti drugu. Na nasipu nas je dočekala skupina domorodaca koji su uzbuđeno dovikivali: „Slikaj nas! Slikaj nas!". Nekoliko metara dalje uz obalu mlada je majka okružena bezbrojnim potomstvom u šarenoj seoskoj odjeći kupala svoju malenu djevojčicu u jezeru i naplaćivala dolar po slici. Otprilike sam jedan sat lutala pokraj koliba od trske, preko tržnice pa uzbrdo kako bih vidjela čudesan pogled na jezero, vratila sam se kroz selo, gledala djevojčice i žene kako tkaju dok su duga vlakna bila pričvršćena za krov i promatrala njihovu odjeću – bila je poput narječja u Gvatemali, različita u svakome selu.

Kad sam se vratila do jezera, malena se djevojčica još kupala, okružena gomilom vrsnih fotografa koji su joj se divili.

Chichecaste je ime otrovne biljke nalik koprivi koja jako peče kada je dodirnete. Chichecastenango doslovno znači „mjesto gdje raste chichecaste". No sada kad je etimologija odavno zaboravljena, Chichecastenango je poznat kao najpoznatiji grad Maya u Gvatemali. To je i mjesto u kojem je zapisana Popol Vuh, stari zapis Quiche Maya koji sadržava njihovu priču o stvaranju svijeta.

Posjetiteljima se preporučuje odlazak u Chichecastenango nedjeljom ili četvrtkom, kada je otvorena tržnica. Grad je miran i udaljen usred visokih planina i malo me podsjetio na Chamulu, koja je prije bila dio etnološkoga područja Gvatemale. Oba su grada svojedobno bila zasebni svjetovi, a Chamula je do dandanas ostala izvorna i nedirnuta. U živahnoj užurbanosti tržnice u Chichecastenangu lokalno stanovništvo plaća jednu cijenu, a turisti drugu – a nedavno su sagrađena i dva luksuzna hotela u kojima odsjedaju bogati stranci. Domoroci su zadržali svoj jezik, žene i dalje nose prastaru odjeću i težak, bučan nakit, ali zbog brojnih turista postali su stidljivi pa se nemojte uvrijediti ako se okrenu kada im priđete i odu u suprotnome smjeru.

U crkvi se mole onako kako su se molili domoroci Chamule, sjede na tlu među treperavim svijećama posuti svježe ubranim laticama, a miris začinskoga bilja uzdiže se do neba. Na vratima zapadnoga trijema stoji veliko upozorenje na engleskome i španjolskome: „Molimo se, ne buljite u Indijance dok se mole".

8.
Prizori iz Gvatemale (ii)

Preselila sam se na farmu naranči pokraj Antigue. Antigua je stara španjolska prijestolnica Gvatemale uništena u potresu 1773. i zbog toga nazvana „američkim Pompejima". Među crkvama, samostanima, kipovima i pročeljima u različitim stupnjevima raspadanja ili obnove niknuo je maleni kolonijalni grad, šarmantno provincijalan sa šarenim kućama, rascvjetalim vrtovima i sićušnim ulicama iz doba konkvistadora. Tržnica, živahna izložba voća, lonaca, košara i cvijeća, u bivšem je isusovačkom samostanu, zapravo u otvorenom dvorištu, a štandovi su postavljeni ispod posebnih slamnatih suncobrana ili u sjeni klaustara. Često sam se pitala što bi isusovački svećenici rekli na to. Obnovljeno Sveučilište sv. Carlosa danas je muzej; tu možete vidjeti ne samo kipove i slike sačuvane iz 32 crkve i 18 samostana nego i scene iz sveučilišnoga života prije tri stotine godina, freske koje prikazuju slavlja, rasprave i kažnjavanje, a jedna je prostorija vjerna reprodukcija prijašnje predavaonice sa sobom za desetero studenata koje je sada predstavljalo deset lutaka, a lutka profesora „predavala" je za stolom sprijeda. Desno od Trga oružja (*Plaza de Armas*), na kojemu su se nekoć održavala natjecanja, procesije, borbe bikova i javna smaknuća, pročelje je velike uništene katedrale – jedino što je od nje ostalo donekle cijelo dvije su od osam kapelica koje su sada samostalne crkve. U samostanu sv. Klare možete se popeti na krov crkve pa pokraj kamenih gromada prekrivenih mahovinom možete vidjeti urušen prezbiterij s jedne strane i vrt klaustra s druge. Pokraj crkve Svete milosti (*La Merced*) veličanstvena je izvrsno očuvana

Planinski prizor iz Gvatemale.

Lokalne djevojke kraj jezera Atitlan.

Ribarska fontana (*Fontana de los Pescadores*). Naime, u istom je savršenom stanju kao što je bila dok su redovnici u njoj držali ribu za vrijeme posta, a samostan još bio cijeli. Lutajući kroz taj svijet sjena, uništenih kupola, trulih transepata, oltara prekrivenih mahovinom i ogoljelih prema nebu, stupova koji streme prema ničemu i fontana ugušenih korovom, možete vidjeti kako ruševine mogu živjeti. Naokolo su livade prekrivene grmljem kave, potočić zvan Zamišljena rijeka (*Rio Pensativo*) zamišljeno teče kroz travu, a u pozadini vreba veliki vulkan Agua i tek katkad u znak upozorenja oboji nebo dahom vatre.

Jednoga dana poveli su me na plantažu kave koja je bila na planini na oko četiri tisuće metara nadmorske visine. Poskakivali smo u terencu dok smo prolazili džunglom i šumama u kojima su orhideje rasle na stablima, vozili se prema udaljenim, rijetko posjećenim indijanskim selima čiji su stanovnici morali pješačiti više od kilometar do prvoga bunara s vodom za piće i nositi je natrag u teškim posudama na glavi. Plantaža je bila velik komad zemlje u podnožju aktivnoga vulkana Fuega. Neki dijelovi plantaže bili su obrađeni, a neki pak zarasli i posve netaknuti. Vidjela sam velike komade nečega što je izgledalo kao crna zemlja: bio je to pepeo koji je vulkan izbacio samo nekoliko tjedana prije.

Žetva je tek počinjala i pokraj jedne zgrade prostranstvo smeđih zrna sušilo se na prostirkama, potom su se osušena zrna puštala između valjaka da bi se uklonila pulpa. U drugom je dijelu bila cisterna puna vode za ispitivanje kakvoće zrna: kvalitetna, ona za izvoz, potonula bi, a ona lošije kvalitete, koja se rabe za instant-kavu ili su namijenjena za lokalno stanovništvo, plutala bi na površini. Tada sam shvatila zašto je u državi kave i banana lokalna kava tako lošeg okusa i zašto su cijene bile tako stabilne: šalica kave u prenoćištu pokraj puta u Gvatemali stoji 3 centa.

Svi su mi se zaklinjali da se neću snaći uz rijeku Rio Dulce. Ponajprije zato što je stanje u istočnoj Gvatemali bilo opasno: gerilci su se skrivali u brdima i pljačkali sva vozila koja bi im zapela za oko. Ako bih i uspjela doći do Puerto Barriosa, morala bih prijeći zaljev do Livingstona, a tko zna hoće li prijevoza uopće biti? U Livingstonu bih se morala ukrcati na brod koji je sasvim slučajno krenuo uzvodno i ono najteže, morala bih naći brod kojim bih se vratila. Ta zlokobna upozorenja samo su potaknula moju upornost. Tako sam tvrdoglavo autobusom krenula istočno od Guatemale i prepustila se sudbini u ruke. Na usamljenoj cesti u brdima zaustavili su nas i svim muškarcima zapovjedili da izađu. No bili su to policajci u svome uobičajenom poslu: pregledali su sve svežnjeve između sjedala i one na krovu, ispremetali prtljažnik i pretražili nekoliko muškaraca kako bi vidjeli nose li oružja. Nakraju su nas pustili na miru i krenuli smo dalje. U Puerto Barriosu otkrila sam da postoji redovita linija preko zaljeva koja prometuje dvaput na dan. A u Livingstonu sam dobila informaciju da mali parobrod nedjeljom plovi uzvodno do sela odakle mogu sjesti na autobus i njime se vratiti. Pustom sam srećom tamo stigla u nedjelju.

Rio Dulce – Slatka rijeka – jedna je od najljepših rijeka na svijetu. Veličanstveno udaljena teče kroz netaknut tropski krajolik, kakav je sigurno promatrao i Kolumbo. Krenuli smo u pet, bio je mrak i stabla palmi još su bila čupave sjene na površini neba. Luka je već bila puna života i ljudi su se okupljali oko stare crnkinje koja je prodavala kavu iz termosice. Naš se mali brod zvao „Guatemala" i posadu su činili kapetan, strojovođa i dvojica mornara. Bilo je tu još nekoliko putnika osim mene, ali držali su se za sebe i bili vrlo tihi. Slučajno sam upoznala kapetana noć prije dok sam šetala po molu i raspitivala se uokolo, a on se spremao za putovanje; sada me pozdravio kao starog prijatelja, rekao da su mi njegov brod i posada posve na raspolaganju i zamolio me da se smatram njegovim gostom.

Svjetlo se tek pojavljivalo na moru kada smo zaplovili u mračno ušće tropske rijeke i gledala sam kako se zora širi nebom iza nas. „Guatemala" je tijekom puta trebala dostaviti veliku praznu splav za transport drva; ta se splav sada vukla za brodom i sjećam se kako sam ležala na njoj, gledala Sunce kako izlazi i uživala u osjećaju nečujnog plutanja na vodi. U početku je krajolik bio zaista brdovit, padine su bile prekrivene gustim stablima, podnožje bujnim raslinjem, a krošnje palmi svojim su čupavim prstima prolazile kroz vodu. Tu i tamo naišli bismo se malo indijansko selo s kolibama od bambusa, žene su prale odjeću na obali, a muškarci lijeno plovili u kanuima.

Nakon otprilike dva sata krajolik se izravnao, a rijeka proširila, sve dok se nije posve izgubila u jezeru Itzabalu, gdje se srušeni dvorac San Felipe uzdizao nad obzorom. Tu smo pristali na jedan sat, a malena djevojčica iz sela, koja nije prestajala govoriti, povela me kroz grmove stabala banana da pogledam dvorac. Podigli su ga Španjolci i služio je kao stražarnica, sada je dijelom bio obnovljen, a sudeći prema skupini vojnika u blizini, i dalje je služio vojsci.

Plovili smo dalje i nastavili sanjariti, bili smo daleko od bilo čega nalik na žurbu i metež, a život na koji sam se naviknula ostao je negdje godinama iza mene. Ručala sam s kapetanom i posadom dok je bogati tropski prizor spokojno klizio pokraj nas.

Iskrcala sam se iz „Guatemale" u selu Mariscosu. Kapetan me molio da ostanem barem do sljedeće luke i doista sam nevoljko tako iznenada prekinula to idilično putovanje, ali na um mi je pala pomisao koja me vrlo uznemirila: viza mi je istekla prije jedan dan. To ne bi bio problem da sam u Guatemali, ali nisam, i nisam se više namjeravala vraćati u taj grad. U to vrijeme odnosi između Velike Britanije i Gvatemale bili su veoma zategnuti: izbile su nesuglasice oko susjedne države koja se u Gvatemali zvala Belize, a u Velikoj Britaniji Britanski Honduras, a na koju su obje zemlje polagale pravo. Vlada, koja je za najboljih dana bila impulzivna i nestabilna, uhitila je mnogo ljudi pa sam pomislila da ću sigurno nekome postati sumnjiva nastavim li se zemljom kretati od mjesta do mjesta s isteklom vizom. Kad sam se sjetila riječi francuskoga novinara kako je mučenje uobičajena stvar u zatvorima u Gvatemali, odlučila sam napustiti zemlju što prije i neprimjetnije.

Rečeno mi je da postoji cesta koja vodi u Honduras iz maloga grada Esquipulasa, mjesta koje je vrijedno posjeta jer ima lijepu baziliku sagrađenu nad svetištem nekog majanskoga božanstva koje je sada bilo dom čudesnom Kristovu kipu. U 16. stoljeću kip je u crnom kamenu isklesao lokalni kipar (tadašnji ljudi nisu razumjeli zašto Krist treba biti bijel) i taj je kip sada bio poznat kao Crni Krist iz Esquipulasa i izliječio je tisuće bolesnih ljudi, čak i biskupa iz 18. stoljeća, koji je u znak zahvalnosti i sagradio ovu baziliku. Na tisuće hodočasnika, poslije sam doznala, dolazile su iz Hondurasa da bi se poklonile Crnom Kristu pa smo pretpostavili da mogu krenuti iz zemlje istim putem kojim oni dođu.

Stigla sam u Esquipulas iduće večeri posve iscrpljena nakon niza otkazanih autobusa, pogrešnih smjerova i četverosatna čekanja na podnevnoj vrućini vlakova koji nikada nisu stigli. U Esquipulasu sam doznala da ne mogu dalje: hodočasnici iz Hondurasa dolaze u siječnju, tijekom sušne sezone, dok još ima mostova preko rijeka i dok voze autobusi. Sada je bila kišna sezona, nije bilo ni mostova ni autobusa, a ceste su bile poplavljene ili neprohodne zbog odrona. Jedino rješenje bilo je krenuti na konju, uspijem li uopće gdje pronaći konja.

Konja mi je pronašao benediktinski svećenik koji je služio večernju misu u bazilici. Nagovorio je i lokalnoga seljaka da mi pomogne naći put. Odredište nam je bilo mjesto Nueva Ocotepeque, do kojega je vodio put dugačak dvadesetak kilometar preko planine. Svećenik se nadao da neće kišiti...

Tek se razdanilo kada je stigao seljak, bio je neobično točan, s konjem i jednim psom. Konj je izgledao malčice oronuo i falile su mu dvije potkove: na njemu je bilo tvrdo drveno sedlo, a ja nikada nisam naučila jahati. Nadala sam se najboljem i pustila da me seljak podigne na konja, dok je on radije hodao i nosio moj kovčeg na leđima, a pas mu je lajao kraj peta.

Išli smo sporo, ali činilo se da je cesta dobra i sve mi je izgledalo jako ugodno. Seljak je zviždao neku indijansku melodiju, prolaznici bi nam poželjeli sretan put, a velike planine okupane suncem bile su rasprostranjene pred nama u raskoši koja je oduzimala dah. Stali smo jednom prije granice da kupimo Coca-Colu u baraci pokraj puta, a seljak je donio vode za konja i premjestio moju prtljagu. Bio je to žilav čovječuljak s pametnim crnim očima i nepogrešivim instinktom za izvanredne situacije.

Prva izvanredna situacija je za mene bila granična policija: odahnula sam kad sam ih vidjela mrtve pijane, sretne što napokon imaju posla i posve nezainteresirane da pogledaju datum valjanosti moje vize.

Slično se ponovilo i na honduraškoj strani: ondje je bio neki vojni praznik i svi su bili u prazničnom raspoloženju, *marimba*[11] je treštala iz tranzistora, a piće teklo u potocima. Glavni službenik pregledao je moju putovnicu uzduž i poprijeko, naplatio mi za posebne usluge i žurno stavio pečat na moju prošlogodišnju vizu za Hašemitsko Kraljevstvo Jordan.

Kada je kriza prošla, nastavili smo kaskati kroz planinu. Objedovali smo u kolibici od blata uz put, žena nam je dala banana i kave, njezin muž ljuljao se naprijed-nazad u mreži za spavanje, a malena je djevojčica sretna lica i poderane haljinice zurila u nas s dovratka dok su kokoši s nadom kljucale po kuhinjskom podu. Poslije nam se pridružio čovjek koji je jahao mazgu.

„Kako se zovete?" pitao je na engleskome.

„Ovaj – zašto?" rekla sam iznenađena pitajući se je li lopov.

---

[11]   Glazbeni instrument iz porodice udaraljki.

„Tako – zovete se Zašto," nastavio je na španjolskome, očito oduševljen što je pokazao svoje znanje engleskoga, „Ja sam Miguel. Drago mi je."

Bilo je još napetih trenutaka tijekom našega putovanja po planini. Jednom je to bilo u ničijoj zemlji između dviju granica, kamo smo se spustili niz dubok klanac preko nekakva klizišta i onda se popeli na drugu stranu. Stijena mi se činila posve okomitom, konj je osjetio moju uznemirenost, poskliznuo se, pokrenuo manju lavinu kamenja i ja sam mislila da mi je kucnuo zadnji čas. No seljak nas je povukao natrag na put pa smo nastavili dalje. Drugom je zgodom konj morao preskočiti veliko deblo na putu. Puteljak je bio usječen u vertikalnu stijenu, lijevo je bila litica, a desno divovski kameni masiv. Dok je seljak sjekao grane, crna je zmijica ispuzala ispod lišća. Seljak ju je kamenom udario po glavi i ubio bičem. Onda su još dvije ili tri ispuzale ispod grana i seljak ih je pokušao sve odjednom pogoditi jednim kamenom.

„Sad," rekao je šibajući bičem, „preko!"

Konj je skočio preko i osjetila sam kako se komadi zemlje kotrljaju do ruba i padaju u dubinu. Iza nas se krvava gomila poluživa zmijskog mesa još koprcala.

„Jesu li bile opasne?" upitala sam seljaka.

„Naravno", odgovorio je.

Vrhunac putovanja bio je na Rio Lempi, velikoj rijeci koja teče od honduraških planina kroz Salvador do Tihog oceana. Most preko rijeke odavno su odnijele monsunske poplave. Do tada smo već bili uspješno prešli dvije manje rijeke na kojima nije bilo mosta. No bile su mirne i plitke, nad jednom je čak bila nekakva naprava od drva i trske privezana za stabla na svakoj strani obale – tako je seljak prešao rijeku, a konj je sa mnom gacao kroz vodu. No Rio Lempa bila je posve drukčija rijeka, bilo je očito izazov prijeći je i za najboljih dana, a kada nabuja, bila je nesavladiva prepreka. Seljak bi svakoga tko bi dolazio iz suprotnoga smjera upitao kakva je rijeka, a dobivao je različite odgovore. Budući da su je svi očito uspjeli prijeći, odlučio je da ni mi nećemo prenoćiti u obližnjem selu, već ćemo odmah krenuti prijeko.

Voda se kovitlala oko konjskoga trbuha dok se seljak, koji je na leđima nosio moj kovčeg, borio protiv struje i izgledalo je kao da se uopće ne pomičemo naprijed. No nakraju smo uspjeli – i dok je stari konj bolno gazio po obali, a krv mu kapala iz kopita zbog oštra kamenja, zapitala sam se jesam li ikada bila prepuštena nekome tako dojmljivom kao što je bio moj suputnik toga dana.

Imali smo sreće što nije kišilo, no dok smo teško gacali do ulica Nueva Ocotepequea, izgledalo je kao da će svaki čas početi kiša. Iscrpljena i u bolovima zbog drvena sedla, našla sam hotelčić i pozvala seljaka na večeru. Jeo je brzo, naplatio tri dolara za usluge toga dana i inzistirao da krenemo prema Esquipulasu još iste večeri. Nisam ga nikako mogla odgovoriti od toga – poznavao je cestu, snalazio se oko rijeke i htio je proći pokraj granične policije prije zore, a konj je, kako je rekao, također bio dobro. Vidjela sam njegov obris dok je samouvjereno jahao prema tamnim monsunskim oblacima.

Nakon toga se moje putovanje Srednjom Amerikom pretvorilo u kaos – a to ističem zato što sam možda ostavljala dojam da uvijek imam nevjerojatnu sreću. Možda mi je gotovo neizgledno pronalaženje broda na Rio Dulce i preživljavanje opasnosti samotnog jahanja kroz planinu dalo samopouzdanje – kako god, dobila sam ideju da autobusom idem do Paname i odande autobusom natrag do Meksika, a pred očima su mi još bile slike divnoga malog putovanja na „Guatemali". No nisam računala na brzinu i uvjete prijevoza u Srednjoj Americi.

U početku je sve teklo koliko-toliko glatko. Prešla sam granicu u Salvadoru i čekala autobus koji me trebao odvesti do glavnoga grada. Umjesto autobusa došao je blatom umrljani terenac, dvojica muškaraca iskočila su iz njega, dala nešto graničnom policajcu i ponudila mi prijevoz. Carinik mi je brzo objasnio, kako bi odagnao svaku sumnju, da je to upravitelj vodećega salvadorskog prijevoznika i da sam u najboljim rukama. Njegov je suputnik bio mehaničar. Spoticali smo se po nemogućim cestama punima blata i kamenja, vodili intrigantne razgovore, a upravitelj mi je, kada smo stigli u San Salvador, našao hotel i ponudio se pokazati mi svoju zemlju.

Salvador je najmanja država u Srednjoj Americi s (iako se to nije dalo naslutiti dan prije) najvišim standardom i najboljom cestovnom mrežom. Sutradan se šef pojavio u Buicku i dok smo klizili autocestom do povijesnoga grada Santa Ane, počela sam razmatrati opcije. Uvijek sam se pitala koliko upravitelji ovakvih autobusnih prijevoznika zarađuju dok im se putnici gužvaju na drvenim sjedalima između kokoši i djece, a prtljaga im je nesigurno natrpana na krovu. Kada se sljedećeg dana pojavio u Chevroletu, mogla sam naslutiti koliko.

Nakon toga počelo je kobno putovanje prema jugu – moja nepotpuna i bolna sjećanja dopuštaju samo djelomičan izvještaj.

Stigli smo u Managuau u Nikaragvi s osam sati zakašnjenja i jakim pljuskom nakon što nam je kvar odgodio putovanje i carinici prekopali prtljagu. Srušila sam se u najbliži hotel u kojem su vodovodne cijevi poplavile pod, a sobe su bile drvene kabine s tri zida. Četvrti biste zid dobili po narudžbi, a bila je to daska koju bi netko od osoblja zakovao između dovrataka gunđajući kako to nije potrebno. Iduće sam jutro shvatila i zašto: to je mjesto bilo bordel.

Dalje u Kostariki Panamerička autocesta[12] bila je masa rupa i golemo ruglo. U San Joséu mi je rečeno da brodovi za Meksiko iz Colóna u Panami isplovljavaju utorkom. Budući da je bio ponedjeljak, požurila sam na noćni avion. Nakon cjelodnevne potrage po Panami otkrila sam da nijedan brod ne vozi za Meksiko sljedećih mjesec dana, osim teretnih plovila, a ona ne žele primiti djevojku bez pratnje. Budući da mi je vrijeme istjecalo, nisam imala izbora nego avionom otići barem do Tegucigalpe u Hondurasu.

Cilj su mi bile ruševine Maya Chichén Itzá i Uxmal u meksičkoj saveznoj državi Yucatánu. Zacrtala sam si da ću tamo najjednostavnije stići slijedim li izravnu rutu na karti kroz Belize. Tada mi je rečeno da mogu krenuti brodom iz Puerto Cortésa. Uslijedila je noćna vožnja autobusom do Puerto Cortésa, potom otkriće da odatle uopće ne voze brodovi u Belize pa povratak u tmurni industrijski grad u kojemu sam nekoliko dana morala čekati let za Belize. No let je nakraju otkazan, novac i vrijeme uzaludno potrošeni, a i s novcem i s vremenom bila sam pri kraju. Usto, iz nekog sam se razloga osjećala bolesnom. A onda i pomisao, koju je poslije potvrdilo i osoblje zračne luke, da ne postoji cesta od Belizea do Yucatána. Da i postoji ta cesta, njome ne bi prometovali autobusi, što znači da bih morala opet letjeti avionom – za što nisam imala novca.

Cesta na kojoj sam sjedila blizu zračne luke u Belizeu izgledala je prilično pouzdano. Nikada prije nisam bila u nekoj koloniji i znatiželja me vukla prema glavnome gradu, nadala sam se da će se pojaviti vozilo koje će me povesti onamo, a još sam se više nadala da će postojati neko prijevozno sredstvo koje vozi prema Yucatánu. Ljudi u zračnoj luci bili su sumnjičavi. Nakon deset minuta došao je autobus i zaustavio se. Vozio je skupinu crnaca prema mjestu Che-

---

[12] *Panamerican highway*, mreža cesta duga otprilike 47.958 km koja povezuje dvije Amerike.

tumalu na granici s Meksikom, želim li prijevoz? Zaključila sam da je glavni grad loša ideja i smjesta se popela.

Većina stanovnika Belizea su crnci, potomci robova dovedenih iz Afrike. Štoviše, zbog kovrčavih putnika naguranih unutra i divlje močvare izvana, zamislila sam da smo u afričkoj džungli. Nekada je Belize obilovao mahagonijem, no sada je bio gomila žbunja prepunog komaraca dok je mahagonij dosezao visoke cijene na europskim sajmovima antikviteta. Pokraj mene sjedila je srdačna, korpulentna gospođa sa šarenim rupcem zavezanim u turban oko glave i krilom punim kolača. Kolači su izgledali još primamljivije jer to jutro nisam doručkovala, a umjesto ručka u avionu dobili smo Coca-Colu – i osjećala sam se neobično slabo. Pokušala sam razgovarati s gospođom, ali njezino znanje engleskoga činilo se oskudnim.

„Veselite li se odlasku u Meksiko?" pristojno sam upitala.

„Je", rekla je.

„Ima li usput kakvih prodavaonica u kojima mogu kupiti hranu?" nastavila sam kad su svi počeli otvarati pakete s hranom i slasno grickati.

„Je", rekla je.

Nekoliko smo puta stali, uglavnom zbog trajekata, a jednom zato što je autobus ostao bez goriva. Morali smo čekati da usamljenom cestom kroz džunglu naiđe neki automobil i nadati se da će nam pretočiti dovoljno goriva iz svoga spremnika da dođemo do prve benzinske postaje.

„Pa vozač je trebao misliti na gorivo prije nego što smo krenuli", primijetila sam s blagim negodovanjem.

„Je", rekla je žena do mene oduševljena ovom briljantnom idejom.

Imali smo i nesreću – okrznuli smo jedno od nekoliko vozila s kojima smo se susreli, no taj put je cesta bila posebno uska. Bila je riječ o ogrebotini, ali oba su vozača inzistirala da se pozove policija i zapišu detalji. To je značilo da moramo pričekati da se pojavi automobil koji će o događaju obavijestiti najbližu policijsku postaju, onu pokraj koje smo prošli prije jedan sat. Potom bismo morali pričekati da policija dođe, a nitko nije znao koliko bi njihova istraga mogla potrajati.

„Koja smiješna zbrka ni oko čega", rekla sam gospođi.

„Je", složila se.

„A nakon što sve ovo završi, čeka nas carina", nastavila sam razmišljajući o iskustvima iz drugih dijelova Srednje Amerike. „Vjerujem da vi nećete imati nikakvih problema s putovnicom."

„O ne, ja sam britanska državljanka", rekla je odjednom govoreći tečno.

Čekali smo i čekali. Počela je padati kiša, pravi sparan i zagušljiv tropski potop. Močvarna džungla oko nas vrvjela je kukcima, komarci su uletjeli kroz prozore i cijelu me izboli. Strašna mi je pomisao sijevnula kroz glavu.

„Ovaj – imate li puno slučajeva malarije ovdje?" pitala sam crnu gospođu.

Razvukla je lice u širok i društven osmijeh. „Je", rekla je.

Baš kad sam promatrala velike Chac-Mool figure u Chichen Itzáu, oblio me hladan znoj. U Uzmalu sam pala u čudnu nesvjesticu i morala se odmoriti u mreži za spavanje. A kad sam se divila senzacionalnoj ljepoti obalne ceste iz udobnoga i klimatiziranoga meksičkog autobusa, nateklo mi je grlo. U Ciudad del Carmenu nisam mogla ni govoriti ni gutati i provela sam noć u groznici pokušavajući uhvatiti dah u sobi bez prozora koja je zaudarala na karbolni sapun[13]. Bilo mi je jasno da imam malariju. Bezglavo sam projurila uz prizore rijetke tropske ljepote i spomenike jedinstvene kulturne vrijednosti samo s jednom mišlju: stići do svoga čistog kreveta u Meksiko Cityju najbrže što mi to Providnost dopusti.

Legla sam i uživala na suncu u svilenoj klimi maloga grada blizu Pueble, kamo su me poslali da se oporavim. Nisam imala malariju, nego teži oblik gripe. Zbog svojih sam pothvata naučila tešku lekciju koju sam poslije uzimala zdravo za gotovo na svim putovanjima: razgledaj manje, ali razgledaj kako treba. Vožnje autobusom i avionom iz Paname pa u Panamu iscrpile su me financijski, a gripa mi je oduzela vrijeme koje sam planirala za povratak kroz SAD. To je značilo da moram slati telegram u Europu i tražiti novac kako bih platila let do New Yorka, gdje sam morala stići na poseban čarterski let 2. studenoga – a trebalo mi je šest mjeseci da ponovno uštedim taj iznos.

Ali ono što je doista ohladilo sunčev sjaj i izblijedilo boju bugenvilija dok sam ležala u svojoj platnenoj ležaljci toga sunčanog, svilenog dana u malom gradu kraj Pueble, bilo je sljedeće: pomisao da osim jednoga provedenog dana u Nikaragvi, Kostariki i Panami te pola dana u Belizeu nisam – čast iznimci Gvatemali – uopće vidjela Srednju Ameriku.

---

[13] Blagi sapun za dezinfekciju koji sadržava karbolnu kiselinu. U engleskim i škotskim školama rabio se do 70-ih i 80-ih godina prošloga stoljeća, a u 60-ima, dok je kažnjavanje na nastavi bilo dopušteno, djeci koja psuju morala su se isprati usta karbolnim sapunom.

Kad sam putovala sama
1967

Jugoistočna Azija

9.
Kineske Mjesečeve torte i gladni duhovi

Kineske Mjesečeve torte i gladni duhovi – priča o festivalima. Mjesto radnje: otok Penang zapadno od Malezije. Večerala sam u malenom kineskom restoranu na tržnici kada sam u daljini začula nešto nalik čoporu mačaka. S obzirom na to da čudni zvukovi nisu ništa neobično u tom dijelu svijeta, nastavila sam nevješto prebirati po komadićima zmijskog mesa, bambusovim mladicama i slatkim orasima u svojoj zdjelici te odlučila da ću poslije poći vidjeti što se to događa. U međuvremenu sam se pitala što je ljudima za trošnim susjednim stolovima bilo na meni tako zabavno. Iskreno sam mislila da zaista sve radim kako treba dok mi nisu objasnili da naopako držim štapiće.

Šetnja kroz kinesku četvrt u sumrak kada počinje noćni život. Komešanje na pločnicima, napadni neonski natpisi na trgovinama, mala osvijetljena kolica na kojima se prodaju slatkiši od kokosa i karamelizirane riže, samozatajni starci važu smjese začina, rikše prolaze i posvuda se čuje glazba, od američkoga popa do hitova iz indijskih filmova. A zbor mačaka koji ne prestaje zavijati sada prate bubanj i ksilofon. Skrenula sam iza ugla i ugledala ih – pravi kineski orkestar sa sopranima, djevojke pjevaju karakteristične duge i visoke tonove. Pjevaju u čast mrtvih.

Danas je sedmi put ove godine pun Mjesec i održava se Gozba gladnih duhova. Na današnji dan se vrata Hada širom otvaraju kako bi duhovi došli posjetiti svoje potomke na zemlji. I nakon godine duhovnoga života mora da su stvarno gladni pa im živi ljudi na sedmu noć puna Mjeseca pripremaju gozbu.

Pokraj orkestra zamijetila sam stolove pune slastica, orašastih plodova, voća i drugih delikatesa dostojnih apetita mrtvih. Na nekim su mjestima gorjeli mirisni štapići i stvarali oblak dima koji je ugodno nadraživao nosnice. Iznad su bile goleme voštane skulpture umotane u šareni papir. Jedna, s crnim brkovima i rukom na širokom pletenom pojasu, očito je predstavljala višeg duha jer joj je pod nogama gorjela žrtvena vatra u koju je gomila bacala kartonske kućice i papirnati novac. Nikada nisam doznala tko je to, možda je prije bio car.

Kuala Kangsar, sjedište sultanata Perak.

Duhovi su se vratili u Had. Kineski budisti i indijski hinduisti izašli su iz hramova na ulice kako bi zajedno proslavili narodni festival: Merdeka, deset godina neovisnosti, 1967. godina.

Večerala sam u vladinoj rezidencijalnoj vili s pogledom na balkone ukrašene zastavama i veliku sivu rijeku sa sultanovom jahtom u luci.

„Je li moguće posjetiti sultanovu palaču?" upitala sam konobara.

„Nije, gospođo", rekao je.

„Šteta", odgovorila sam, "jer držim mnogo predavanja i pišem mnogo članaka o dalekim zemljama. Bilo bi lijepo spomenuti i sultanovu palaču."

I zatim sam svoju posjetnicu stavila na stol.

„Pričekajte malo, molim vas", rekao je i odnio moju posjetnicu gospodinu koji je pio pivo za šankom, a poslije sam doznala da je rođak Njegove Visosti. Mislim da mu je ime bilo Ibrahim. Ponudio se da mi pokaže sultanovo imanje i pozvao me na proslavu neovisnosti u jednom od prestižnih noćnih klubova.

Sultanova palača *istana* izgledala je kao preslika drevnog Bagdada, moderna verzija nadsvođenih kupola i mramornih pročelja. U prostranoj sobi s prijestoljem bili su tapecirani stolci za delegate i prijestolje nad kojim su visjeli pozlaćeni zastori. Sjetila sam se velikih mogulskih careva iz prošlosti. Njegova Visost imala je izvrstan osjećaj za kombiniranje tradicije s napretkom. Ibrahim mi je zatim pokazao plesnu dvoranu u kojoj je sultan na saksofonu svirao vlastite skladbe. Bio je to čovjek koji je u isto vrijeme znao vladati i zabavljati se. Soba s prijestoljem rabila se dvaput na godinu, u povodu početka rada parlamenta i za rođendan Njegove Visosti, kada su se dodjeljivale počasti. Plesna dvorana rabila se svake subote.

Ponovno sam oboljela od tropske gripe, što me spriječilo da stignem do glavnoga grada Kuala Lumpura na proslavu Merdeke. I dok se mnoštvo domoljubnih građana tiskalo na ulicama u povorkama i sjajnim paradama, ja sam se spremala za ekskluzivnu večer u provincijskom noćnom klubu. Sve je teklo prema najstrožem protokolu. Stol Njegove Visosti bio je spreman, ukrašen i ograđen. Prvo su pristizali gosti najnižih titula, u toj skupini sam bila i ja. Bend je svirao sentimentalnu zapadnjačku salonsku glazbu i parovi su kružili po plesnom podiju. Njegova Visost očito je bila dovoljno moderna da potiče neformalnost.

Nakon kašnjenja koje si samo vladar može dopustiti, sultanov Mercedes 600 doklizio je do ulaza. To je bio jedini takav automobil u cijeloj Maleziji, opremljen klima-uređajem, krovom otpornim na metke, barom, televizorom i privatnim telefonom za pozive vozaču. Njegova Visost imala je vozni park od ukupno osamnaest vozila; među kojima su bila tri Mercedesa i brojni sportski automobili – brza i česta vožnja bila mu je hobi.

Sultan je ušao u pratnji dviju ekstravagantno odjevenih dama s dugim lažnim trepavicama, a iza njih slijedilo je nekoliko rođaka i detektiv. Svirka je prestala i svi smo ustali.

Bila je to duga večera koja se sastojala od omiljene kineske hrane Njegove Visosti: kantonskog jastoga, pržene riže i škampa, sotiranih žabljih nožica s vodenim kestenima, različita mesa u slatko-kiselom umaku, ličija i zelenog čaja. Između jela sultan bi se pridružio bendu i solirao na saksofonu, a svi bismo ustali i pljeskali. Nakon večere je Njegova Visost demonstrirala svoje vještine na plesnom podiju mijenjajući plesne partnerice, a svaki put kad bi se vratio za stol, prisutni bi gosti usklađeno ustali. Jednom je tako ustao i potpuno sam nestao u svjetlosti svijeća dignuvši sve nas na noge iako smo tek bili prionuli na liči.

Upitala sam gospodina do sebe, koji je bio privatni detektiv, što ga je moglo toliko zadržati. Detektiv, kojemu je očito bilo neugodno, potiho mi je objasnio da je sultan ili morao preuzeti državnički poziv ili obaviti nuždu.

Melaka u Maleziji stara je luka i glavni grad koji su osnovali Kinezi, otkrili Portugalci, ponovno otkrili Nizozemci, okupirali Britanci, a naselili Kinezi, Indijci, Malajci, muslimani, hinduisti, budisti, kršćani i Sikhi.

Čekala sam ispred hrama s jednom djevojkom pripadnicom Sikha. Ugledna ličnost zajednice Sikha preminula je prije tjedan dana i njegova je obitelj organizirala misu. Hram je bio ružan, moderan, sagrađen u lažnom sjevernoindijskom stilu i oslikan plavom, bijelom i žutom bojom. Nekoliko se zgodnih mladića s turbanima svijetle boje naginjalo preko zida i gledalo djevojke u dvorištu. Unutrašnjost hrama obasjavala su neonska svjetla i mogla sam samo baciti oko na donju polovicu kuhinjskoga sata koji je stajao iznad Svete knjige. Onda smo ušli i svečanost je počela. Muškarci su prekriženih nogu sjedili s lijeve strane, dok su se žene nagurale s desne strane. Sa svojom dugom bijelom bradom i velikim bijelim turbanom, svećenik je bio najvažniji dio ove svetkovine. Mladi su se prema njemu odnosili s neobičnim poštovanjem i smatrali ga svecem. Sjedio je ispod baldahina na nekoj vrsti pozornice koja je bila prekrivena svilom različitih boja i čitao je iz Svete knjige. S vremena na vrijeme vjernici su pjevali hvalospjeve, netko je dugo držao propovijed i posvećena hrana kružila je uokolo kako bi se svaki sudionik mogao poslužiti. Osim što sam morala sjediti na podu, procedura mi je bila više-manje poznata.

Zajednički objed nakon bogoslužja dio je tradicije Sikha. Bez obzira na broj ljudi, svi su pozvani na besplatan obrok, a žene katkad ostaju budne i do četiri ujutro i pripremaju hranu. Ovaj put bilo nas je više od 300, a objedovalo se u skupinama. Riža i povrće posluživali su se iz velikih kanti i kotlova. Nije bilo luksuzno, ali je bilo neizmjerno ukusno. Stolovi u dvorištu hrama možda nisu bili osobito udobni, ali sigurno su poticali društveni duh. Bio je to pobožan, altruističan i gostoljubiv događaj koji me nostalgično podsjećao na sastanak Vojske spasa.

Najviše me iznenadilo što uopće nije sličilo rekvijemu kakav sam zamišljala. Nije bilo ožalošćenih, nije bilo suza, izjava sućuti ni cvijeća.

„Zašto bismo trebali žaliti?“ pitala me djevojka iz zajednice Sikha. „Tako mi odajemo počast, počast mrtvima.“

Singapur.
Pripreme su bile u punom jeku već najmanje dva tjedna. U Kuala Lumpuru, glavnom gradu Malezije, vidjela sam izloge pekarnica

pune Mjesečevih torti i ulice ukrašene papirnatim fenjerima. Na tržnici u Kuantanu, glavnom gradu istočnih država, koji sam posjetila da bih vidjela divovske kornjače koje noću na obali legu jaja, mogle su se kupiti Mjesečeve torte iako se Kuantan uopće ne smatra kineskim gradom. I kineska četvrt u Melaki već je bila raskošno okićena kada sam ondje bila prije tjedan dana. Stigla sam u Singapur upravo na taj dan: Festival Mjesečevih torti.

Jednom davno postojao je zao kineski car koji je u tamnice zatvorio mnogo nedužnih ljudi. Neki od zatvorenika kovali su zavjeru da ga ubiju, a svoje su planove prenosili porukama skrivenima u Mjesečevim tortama. I sada taj festival slavi smaknuće cara koje su počinile njegove žrtve u noći puna Mjeseca. Uglavnom je to festival za djecu koja se šeću ulicama kineske četvrti noseći fenjere u jarkim bojama u obliku životinja ili ptica, a katkad i modernije, u obliku satelita ili aviona. No to je i festival za odrasle koji vole zabavu. Što više, to bolje.

Na tržnici je bila podignuta golema pozornica osvijetljena električnim žaruljama koje Kinezi obožavaju. Publika je ili sjedila ili stajala, kako je tko mogao, na kutijama, teretnim kolima, kolicima ili tačkama. Tu i tamo postavljeni su štandovi sa zakuskom. Sve su oči bile zadivljeno uprte u pozornicu na kojoj se odigravala predstava. Kraljevi i kraljice u lepršavim papirnatim haljinama dolazili su i odlazili. Sluge i dvorske lude pravili su nevjerojatne grimase zbog čega su gledatelji umirali od smijeha. Onda se na pozornici pojavio zastrašujući lik s teškom haljom, demonskom maskom i crnim brkovima koji su mu sezali gotovo do poda. Dva klauna došuljala su mu se sleđa i bacila ga naglavačke u ushićenu publiku: zao je car još jednom otjeran u smrt.

Malo dalje bio je improvizirani noćni klub pun ljudi koji su uživali u bogatu obroku. Za mikrofonom je bila zanosna Kineskinja u uskoj kineskoj haljini s prorezima koji su se sugestivno protezali do bedara i zabavljala svoju publiku najnovijim američkim hitovima. U pozadini je bio improvizirani hram u kojem su se pobožni gosti noćnog kluba mogli pomoliti između obroka. Na kulisi u pozadini električne žarulje ocrtavale su obrise pagode, a sprijeda su se nalazile brojne svijeće i mirisni štapići.

No vrhunac proslave bio je na glavnom trgu odmah iza ugla. Tamo je bila golema konstrukcija od okomito postavljenih ploča, visoka poput okolnih trokatnica. Bila je obojena najsjajnijim bojama i osvijetljena bezbrojnim električnim žaruljama postavljenima u obliku fenjera, pagoda, cvijeća i ljudskih likova. Na jednom od balkona su obasjani žarkim svjetlom mladić i djevojka glumili u nekoj ljubavnoj predstavi. Trg je bio prepun ljudi koji bi se s vremena na vrijeme počeli komešati kada bi se neki strpljivi motorist pokušavao probiti između njih. A svjetlost je dopirala kroz otvorene prozore svih kuća uokolo, s kojih su stanovnici kineske četvrti uživali u pogledu na prizor ispod njih.

I to je, nevjerniče, priča o Festivalu Mjesečevih torti.

10.
Bali – jutro svijeta

Lokalnim sam autobusom krenula u Denpasar. Kada kažu autobus, Balijci misle na neku vrstu vagona. Prašnjavi i znojni, stiskali smo se na uskim drvenim klupama među košarama i raznovrsnom peradi, a ostatak prtljage bio je nagomilan na krovu. Bila sam izbodena od glave do pete što od komaraca što od stjenica. Tim sam kukcima očito bila jako zanimljiva dok sam boravila u čudnom hotelu u Jakarti. Moja je crvena koža bila naizmjence prekrivena slojevima prašine i tigrove masti, kineskog balzama zbog kojeg je svrbež prešao u lagano peckanje. Jurili smo kroz krajolik okruženi terasama zelenih rižinih polja, kokosovim palmama i stablima banana. Povremeno smo morali stati jer su skupine mladića i djevojaka popravljale cestu. Mješavinom katrana i crnog blata s riječnih obala punili su rupe na cesti, a autobus je strpljivo čekao da završe. Nakon svakih nekoliko kilometara naišli bismo na sela sagrađena od bambusa s predivno ukrašenim hramovima i ljupkim ženama koje su na glavi nosile velik teret odlazeći na tržnicu.

Kad smo stigli u Denpasar, smjestila sam se u „Losmen Kambodji" (indonezijski *losmen* je neka vrsta pansiona namijenjena lokalnomu stanovništvu i nekolicini stranaca skromnijih mogućnosti): hrana i smještaj za šezdeset centa, stjenice uključene. Ipak, za tu cijenu dobili ste tri obilna i ukusna obroka na dan i vlastitu sobu, a ubrzo sam naučila da se od stjenica možeš zaštititi tako da spavaš na novinskom papiru. No na mojoj koži ionako nije više bilo mjesta za nove ubode. Poput svih ostalih kuća u Denpasaru, „Losmen

„Losmen Kambodja" u Denpasaru.

Dvorište tradicionalne balijske kuće.

Kambodža" bila je sagrađena u vrijeme kolonijalnih dana. Bio je to bungalov u nizozemskom stilu s tradicionalnim sanitarijama. Vrata i prozori bili su uokvireni bogato ukrašenim kamenim pločicama, a u vrtu su nasumce bile postavljene skulpture bogova i junaka iz drevne hinduističke mitologije.

Par koji je upravljao pansionom prezivao se Ngurah. Mislim da su imali petero djece koja su se naizmjence penjala na spremačičina ramena i znatiželjno gledala u moju sobu kroz otvore grilja. Gospodin Ngurah imao je pristojan posao u turističkom uredu „Bali Beacha", hotela u kojem je odsjedala većina turista ljubitelja udobnosti. Drago mi je što mogu reći da nije bio previše zaposlen tih dana i uglavnom je imao vremena da me tijekom jutra ili poslijepodneva provoza po otoku na svome motoru. Svom je šefu taj altruizam objasnio kao „poticanje turista". Najprije bismo otišli do dućana po benzin. Nasmiješena bi prodavačica kutlačom vadila smrdljivu mješavinu dizela iz spremnika pokraj kante s rižom i kapljicu po kapljicu izlijevala je u spremnik za gorivo. Potom bismo krenuli.

Najstariji i najsvetiji od tisuća hramova na Baliju onaj je u Bersakihu na istočnom kraju otoka. Smjestio se na padinama velikog vulkana Mont Agunga, koji je Balijcima poznat kao Pupak svijeta i upravo je toliko svet. Taj je prizor uistinu zadivljujuć, a vulkan je i dalje aktivan – posljednja erupcija dogodila se 1963. godine, kada je poginulo dvije tisuće ljudi, među kojima i nekoliko stotina vjernika koji su slavili festival pročišćenja u hramu. Kad smo bili tamo, zemlja je i dalje kilometrima uokolo bila crna zbog lave. Jedini most bio je uništen i morali smo prijeći kroz riječno korito držeći motor između sebe. Hram Bersakih jedan je od posljednjih ostataka te drevne tradicije bogoslužja prirodi, religije koja je na ovom području postojala prije hinduizma. U nadi da će ga tako umiriti, na ovom bi mjestu vjernici prinosili darove duhu velike i zastrašujuće planine i molili se. Sada je to središte drevnoga bogoslužja. Njegova *merusa*, toranj nalik pagodi, posvećen je duhovima preminulih predaka sadašnje princeze iz dinastije Klungkung.

Balijski hramovi svijetli su i prozračni prostori i nimalo ne nalikuju zatvorenim europskim crkvama. Blago hramova izloženo je tako da ga svi mogu vidjeti: veliki su tornjevi ukrašeni skulpturama, a njihovi rubovi izgledaju poput čipke na plavom nebu. Iznad ula-

Dama s Balija pozira na svojoj terasi.

za nalazi se nacereno groteskno lice demona, a dugi prijeteći prsti ispruženi su mu iza glave da bi otjerali zle duhove. U unutrašnjosti je bezbroj pločica i figure junaka iz hinduističke mitologije, istodobno strašnih i veličanstvenih. Jedne sam večeri s gospodinom Ngurahom otišla na svečanost koja se održavala u jednom takvom hramu. Prostorije su bile ispunjene životom i dobrim raspoloženjem, zvukovi tradicionalne indonezijske glazbe *gamelan* dopirali su s ulaza u hram, a samo bi ih povremeno prekinuo oštar zvuk drvenog *tong-tonga* koji je najavljivao odlaske na oltar. Žrtveni darovi – voće, orašasti plodovi i figure od cvijeća i slame – bili su doneseni iz kuhinje na ulazu i žene su ih u košarama na glavama prinosile raznim bogovima. Žrtvene je darove na oltaru čuvao „pomoćnik" bogova, no nisam ga nikada vidjela pa ne znam je li riječ o čovjeku ili mitološkom biću. Božanski je „tumač" u svakome slučaju bio čovjek, u što sam se uvjerila te večeri. Kad smo stigli, bio je u potpunom transu i upravo je trebao dokučiti želje bogova koje bi onda prenio vjernicima natiskanima oko njega.

Većina Balijaca po zanimanju su poljoprivrednici koji se u slobodno vrijeme bave umjetnošću. Sretni su to ljudi, zadovoljni svojim mirnim i radišnim seoskim životom. Žive u pristojnim domovima, hrane imaju više nego dovoljno, u slobodno vrijeme bave se festivalima, plesom, rezbarenjem, slikanjem i stvaranjem glazbe, a bogovi su blagodatima obasuli njihovu zemlju – što se više poželjeti može? Novac nema nikakve vrijednosti, barem je tako bilo dok nisu došli turisti.

Ovu sam filozofiju naučila od Madepajua, rezbara kostiju u selu Tampaksiringu. Imao je petnaest ili možda šesnaest godina, nije točno znao. Nije znao čitati ni pisati, ali je znao malo engleskoga, uključujući i rečenicu: „Bali je otok smješten južno od ekvatora i istočno od Jakarte prema Australiji; to je dom bogova, početak svega, najsvetije blago". Tu bi rečenicu za sitniš recitirao turistima na balijskom, engleskom i indonezijskom jeziku. Madepaju nije imao novca, ali bio je ponosni vlasnik staroga bicikla i američkoga sata koji mu je jednom dao neki turist u zamjenu za dvije izrezbarene kosti. Sa svojim roditeljima, rođacima, tetama, ujacima, braćom i sestrama živio je u čudesnoj bambusovoj kolibi koja je imala šuštav krov od palmina lišća. Sav namještaj u njegovoj spavaćoj sobi koju je dijelio s nekoliko ostale djece bio je ormar u kojem je držao svoje dvije majice i rezervni *sarong*, strunjaču za spavanje od palmina lišća i bicikl. U zamjenu za kost na kojoj su bile prikazane scene iz Ramayane dala sam mu kemijsku olovku koju je stavio u otrcani džep na svojoj majici i crvenu vrpcu za novi slamnati šešir. I Madepaju je to smatrao odličnom nagodbom. Za drugu sam mu kost dala asortiman neiskorištenih kozmetičkih proizvoda, stara stakla za naočale i raznovrsne lijekove, tablete i pastile, koji se na Baliju nisu mogli nabaviti. Kada sam se vratila u München, vidjela sam da se posve iste kosti prodaju za četrdeset dolara u ekskluzivnom dućanu s umjetninama.

Jednog me je vikenda prijatelj gospodina Nguraha, neki gospodin Berry, odveo u najstarije selo na otoku. Nalazi se negdje na istoku, dosta je udaljeno od ceste i okruženo debelim i visokim zidovima. Turisti nisu dobrodošli i poglavica bi osobno zatražio da napuste mjesto čim bi stigli. No kako je gospodin Berry bio poglavičin obiteljski prijatelj, mene nisu smatrali turistom, već gošćom. Jedini ulaz u selo bilo je mjesto gdje je jedan od zidova malo niži i ima stube s obje strane. U selu je bila jedna ulica koja je vodila uzbrdo prema stepenicama ili terasama. Sa svake strane te ulice bile su skupine kuća i uopće nije bilo prometa, čak ni biciklista. Na sredini te široke travnate ulice bila je velika otvorena građevina s krovom od bambusa. To je lokalni Zastupnički dom Kongresa, gdje se članovi *Bandjara* odnosno parlamenta prema stoljetnoj tradiciji okupljaju da bi raspravljali o raznim lokalnim problemima počevši od žetve riže pa do kostima za ples. Moj je domaćin bio parlamentarni zastupnik izabran „uz pomoć božanskog nadahnuća". Tu čast nije smio odbiti niti ga se smjelo smijeniti. Nije primao plaću, osim darova koje su mu ljudi dragovoljno davali. U ovom selu novac i dalje nema vrijednosti. Parlamentarni su zastupnici svi oženjeni muškarci iz zajednice. Članstvo je obavezno i svaki muškarac dobiva poziv odmah nakon stupanja u brak. Svatko tko se oglušii na barem tri ovakva osobna poziva bude izopćen i smatra se moralno „mrtvim".

Pozvali su me da odsjednem u kući samoga poglavice s njegovim brojnim rođacima. Poglavičina je velika kuća imala nekoliko soba s izlazom na dvorište nasred kojega je bila neka vrsta ljetnikovca s golemim ravnim ležajem prekrivenim strunjačom od palme. Tu je spavala obitelj. Meni je bila strogo namijenjena soba s odgovarajućim ležajem i madracem u glavnom dijelu kuće, a savjetovali su mi da zbog kukaca ne spavam u ostalim dijelovima kuće. Hranu koju smo dobivali mogu opisati jedino kao fantastičnu, u količini, kvaliteti i raznovrsnosti. Spremala ju je obiteljska služavka, starica bez zuba koja je i dalje poštovala stari balijski običaj nenošenja bluze. Na ostatku otoka to je bila rijetka pojava jer su zbog turista žene, a naročito djevojke, postale sramežljive. Samo bi u miru svojih domova, a katkad i za rada u rižinim poljima skinule gornji dio te bi s vremena na vrijeme za sitniš pristale pozirati za fotografiju. No ova je služavka bila stara dama kojoj je stara tradicija toplesa ostala ukorijenjena i sigurno ne bi razumjela onoga tko bi je zbog toga smatrao provokativnom.

Život je ovdje sretan, sretan i jednostavan te neiskvaren ambicijom. U tolikoj mjeri da me poglavica molio da ne objavim ime sela kako ljudi sa zapada ne bi došli na ideju da ga posjete. Kriminal, kako su mi rekli, ovdje nije poznat i svi si međusobno po potrebi pomažu. Selo se moglo skrbiti o sebi i proizvodilo je vlastitu hranu. Tkanina za *saronge* i ostalu odjeću nabavljala se u najbližem gradu. Svakodnevne potrepštine mogle su se kupiti u dvije trgovine sagrađene od bambusa.

Začudo, ovo je bilo jedino mjesto na Baliju gdje nisam mogla sudjelovati u festivalu. Šest mjeseci prije nego što sam došla selo je poharala epidemija vodenih kozica. Umrlo je mnogo djece, među kojom je bilo i dvoje unučadi samoga poglavice. *Bandjar* je stoga mogao jedino pretpostaviti da su stanovnici učinili nešto što je povrijedilo njihova boga te im se on odlučio na taj način osvetiti. Kako bi ispravili pogrešku, kakva god ona bila, poglavica je godinu proglasio godinom ispaštanja, u kojoj neće biti festivala, plesa i glazbe. Jedini znak iskazivanja počasti bio je maleni seoski hram ispred kojeg se nalazilo stablo *banjan*.

No na ostatku Balija stanovnici su uživali u stalnom obilju festivala. Svake sam večeri mogla čuti glazbenike kako iza svojih kuća vježbaju u *gamelanu* i vidjeti plesačice s jasminom u kosi i u *sarongu* protkanom zlatnim nitima na putu prema hramu u kojem su navečer nastupale. Rijetko prođe dan da se na Baliju negdje nešto ne događa, bilo da je riječ o svečanosti koja se slavi kad dječaci ulaze u pubertet, plesnoj predstavi za turiste, svečanom obiteljskom kremiranju ili dramskoj predstavi za lokalno stanovništvo. Te se predstave održavaju nekoliko puta na tjedan, govore o životima mitskih junaka i traju otprilike od deset navečer do pet ujutro. Tisuće ljudi, roditelja, djedova i djece svih

Predstava u balijskom hramu.

Žene s cvjetnim dekoracijama za vrijeme festivala.

114

dobi, fasciniranih djelima svojih bogova i kraljeva, stoje zgurane ispod tropskoga neba. Gluma je remek-djelo preuveličavanja: jak čovjek urliče, klaun se ludira poput nestašna djeteta, kralj se šeće u veličanstvenom šeširu, a kraljica je u raskošnoj haljini ljupka poput cvata hibiskusa na svježem povjetarcu. Viši staleži na pozornici razgovaraju na starom balijskom jeziku koji publika ne razumije. Tumačenje daju sluge, veseli likovi koji komentiraju postupke svojih velikih i moćnih vladara bilo u vođenju države ili ljubavi. I katkad, na oduševljenje prisutnih, kažu nešto poput: „Jako sam gladan, hajdemo po *satai*". I onda skaču s pozornice i požure se prema jednome od brojnih štandova na kojima se prodaje hrana i piće za gledatelje. I to slatkiši, piće, poslastice od riže, meda i kokosa te omiljeno jelo Indonežana *satai*, raznovrsno meso na žaru nabodeno na štapić od bambusa s umakom od čilija.

Je li to raj između jučer i vječnosti? Išla sam gledati borbu pijetlova s Idom Bagusom Ratom, studentom balijske povijesti i ovlaštenim turističkim vodičem. To baš nije bio moj izbor jer borba pijetlova nikako nije po mom ukusu. Mogu je opisati samo kao nešto između lutrije i španjolske borbe s bikovima. Neko je vrijeme borba pijetlova bila dio svečanosti koja se održavala u čast najvišega boga Šive kako bi žrtvena krv potekla na njegov oltar. Sada je to seoski sport. Ambiciozni vlasnici razmnožavaju, uzgajaju, masiraju, čiste i treniraju ptice s puno pažnje. Borba je krvavi prikaz otvorenih rana i raščerupana perja. Iako pijetlovi na nogama imaju prikvačene oštre ostruge kako bi se ubrzala smrt protivnika, sve zajedno nije baš lijep prizor. Opće oduševljenje publike nije posljedica njihove sklonosti prema krvi, već činjenice da se većina njih kladila na jednu od nesretnih ptica na borilištu. Ida Bagus Rata toga je dana mnogo zaradio od turista pa je išao na lokalnu borbu pijetlova da bi iskušao svoju sreću sa zarađenim novcem.

U jednom smo trenutku zapeli u gomili koja je stajala ispred velike zgrade okružene palminim stablima. Među njima je bilo mnogo vojnika. Svi su s velikom pozornosti slušali uzvišeni glas koji je dolazio iz zvučnika među stablima. Nakon mnogo ispitivanja od Ide Bagusa na jedvite sam jade uspjela izvući da se trenutačno održava suđenje komunističkim izdajicama, „no to nije zanimljivo pa da se vratimo borbi pijetlova...".

Sutradan mi je gospodin Ngurah šapnuo da je tijekom komunističkog puča samo na Baliju, otoku snova, ubijeno više od pedeset tisuća ljudi...

„Bali – posljednji raj na zemlji!", „Otok lijepih žena", „Otok tisuću hramova" – kažu turistički prospekti.

„Pulau Devata – otok bogova, početak svih stvari – najsvetije blago" – kažu Balijci.

„Otok Bali je", kaže indijski premijer Džavaharlal Nehru, „jutro svijeta".

Tradicionalni plast sijena u selu na Baliju.

Kad sam putovala sama
1969/1970

Maroko, Cejlon i ponovno južna Indija

Žene u lokalnoj nošnji na marokanskim tržnicama.

11.
Pogled na pročelja (i)

Sjedili smo u četvrti Petit Socco u Tangeru, promatrali život u medini i pili čaj od mente. Bilo je kasno poslijepodne i grad je ponovno izlazio na ulice, muškarci su izgledali poput franjevaca u svojim smeđim haljama s kapuljačama, turisti su upadali u oči u majicama s izrezima i najboljim ljetnim haljinama. U malenim trgovinama roba je bila izložena za večernju prodaju, rukotvorine od zlata i srebra, pamuk i brokat, protkane papuče, voće, slatkiši i ručno tkani tepisi. Lupanje čekićima zlatara natjecalo se s vikom trgovaca, a miris pečena mesa iz restorana miješao se s miomirisima cvijeća i začina sve dok ih oboje nije nadjačao iznenadan prodoran smrad koji je dolazio iz jednog od obližnjih javnih zahoda.

Čaj od mente bio je prilično ukusan – to nije bio čaj od peperminta, kao što biste isprva pomislili, nego pravi arapski čaj sa svježom mentom i naranečinim cvijetom – pitam se zašto se zapadnjaci nisu sjetili uvesti tu ideju. Prelazeći pogledom po kafiću, primijetila sam da sam jedina žena koja sjedi na terasi prepunoj ljudi pa sam natuknula svom pratitelju Marokancu Rifiju da se počinjem osjećati upadljivom. Rekao mi je da je to posve u redu budući da sam strankinja: stranci su mogli činiti što god ih je volja.

Ali činilo se da Marokankama to nije dopušteno. Promatrala sam neke od njih kako prolaze po ulici, a bilo ih je lako uočiti, na sebi su imale duge sive đelabe s kapuljačama, njihova usta bila su skrivena iza obojenih velova od muslina koji su otkrivali samo njihove tamne, tajanstvene oči. Pitala sam Rifija moraju li takve hodati ulicama ili to žele. On je odgovorio da tako žele. Ispod sivih nabora flanela provirivali su rubovi baršuna ili svile, a katkad čak i svjetlucavi brokat isprepleten zlatnim nitima. Upitala sam Rifija nose li Marokanke često haljine od brokata ispod đelaba. Odgovorio je da dama može ispod đelabe nositi što god joj se sviđa, neke nose odjeću od brokata, a druge minisuknje. Potom sam ga upitala zašto skrivaju takvu dragocjenu odjeću ispod jeftina sivog flanela. Rifi je na to strpljivo odgovorio kako se Marokanci nikada ne hvale svojom imovinom – bilo da je riječ o ženama, odjeći ili dvorcima.

Strpljivo sam čekala u Kraljevskoj palači u Rabatu. Isplanirala sam doći točno u petak tako da mogu vidjeti kralja u punoj tradicionalnoj kraljevskoj odori kako jaše prema džamiji El Fahs. Čak su mi rekli da u dvorištu palače možete gledati sve pripreme, ali izgledalo je kao da se tamo ništa ne događa. Otišla sam do hodnika izgrađenog u pseudomaurskom stilu i okićenog lukovima te upitala čovjeka u nošnji posluge kada će se pojaviti kralj. Doznala sam da je odlazak na molitvu taj dan otkazan: Njegovo Veličanstvo nije bilo u gradu. Odšetala sam razočarano natrag do vrata palače i pomislila da iako neću vidjeti marokanskog kralja u kraljevskoj opremi, veoma je demokratično što dopušta da ljudi vide njegovu palaču. Prišla sam stražaru u crvenoj uniformi i, za slučaj da je prvi pogriješio, upitala ga kada će se kralj pojaviti. Rekao mi je da je odlazak na molitvu taj dan otkazan: Njegovo Veličanstvo bilo je umorno i molilo se u samoći.

Glavna ulica u većini marokanskih gradova zvala se Bulevar Muhameda V. Ona u Rabatu izgledala je kao da je sagrađena za glavni grad kakva golema carstva, na njoj su bile zasađene raskošne cvjetne gredice, a oko njih su prolazile kolone limuzina pokraj bujnih palmi koje su rasle na rubovima pločnika. Posvuda ste mogli vidjeti cvijeće i blještavo bijele građevine ispod vedra proljetnog neba. Čak je i željeznička postaja bila bijela i iznimno dekorativna građevina usred glavnoga prodajnog centra. Lutala sam dalje nepreglednim ulicama preko luksuznog područja s vilama i vrtovima i stigla na čistinu izvan gradskih zidina. Mislila sam da je Rabat jedan od rijetkih gradova koji vam dopuštaju da dišete.

Odmah iza Južnih vrata vidjela sam niz velikih prijetećih zidova od pješčenjaka, a između njih bile su postavljene glomazne vratnice, poput onih kakve su gradili stari Mauri. Iza njih se nalazio rabatski *Chellah*, svetište pokojnih, poznat kao „najromantičnije selo u Maroku". Grobovi su bili na dnu brda iza nabujala vrta prepuna egzotičnog i raštrkanog cvijeća. Osim pjeva ptica – na koji se do tada još nisam navikla – nikakvih drugih zvukova nije bilo. Tamo ste mogli slobodno lutati kroz trošne dvorane srušene džamije, proučavati drevne natpise i pratiti linije ugraviranog ukrasnog lišća i cvijeća ispod potkovastih lukova obraslih mahovinom. Mogli ste promatrati i skladni minaret na čijem je ruševnom vrhu roda sagradila gnijezdo, a bio je ovijen krhkom, ali spokojnom veličanstvenošću.

Bila su gotovo dva sata i odavno je prošlo vrijeme ručka. Raspitala sam se gdje mogu naći ugodan restorančić s prihvatljivim cijenama i autentičnom marokanskom hranom. Dospjela sam tamo gdje bih gotovo uvijek objedovala: na tržnicu. Budući da sam znala da si ovdje mogu priuštiti jela koja mi se sviđaju, bez ustezanja sam se poslužila šiš-kebabom, jajima, salatom i desertom, a poslije sam naručila kavu. Potom sam zatražila račun. Konobar me zamolio da prihvatim uslugu na račun kuće, a ja sam, misleći da je riječ o kakvoj smicalici, zatražila da razgovaram s poslovođom. Poslovođa je odbio uzeti ijedan novčić jer je bio počašćen što toliko hvalim njegov skromni posao te mi je bio duboko zahvalan što sam poslušala preporuku njegova dobrog prijatelja Hammeda i to mu je bila dovoljna plaća. Zahvalna, ali vrlo zbunjena, izašla sam na sunce i nastavila razgledati spomenike prošlih vremena.

Grad Fes bio je prvi od četiri kraljevska marokanska grada. Njegovo zlatno doba bilo je u srednjem vijeku i razumljivo je da je stara medina još bila središte života i zanimanja. To je bio pravi labirint najužih uličica, slijepih ulica i teško dostupnih dijelova, a kroz tanke tende i rešetkaste krovove nad prepunim tržnicama skriveno sunce bacalo je svoje zrake na trgovine i štandove te obasjavalo proizvode svih vrsta – rukotvorine, obuću, proizvode od kože i tkanine, sve do željezarije i začina, a svi su bili privlačni i mamili su prolaznike. Vani je prolazila spora skupina ljudi u dugim haljama, prolaz bi im povremeno blokirao magarac koji je nosio mnogo tereta, a gurali su ga naprijed uz psovke, viku i udarce bičem.

„Želite li vodiča, gospođo?“, „Vodiča, gospođo?“, „Kamo idete?“, „Ja isto doći“, „Zašto nemate vodiča?“

Turistima se savjetovalo da svakako uzmu vodiča za prolazak kroz labirint stare medine, a ja sam bila iznimno ponosna na sebe što sam se uspjela snaći i bez njihove pomoći. Iako bi mi svakih nekoliko koraka prišlo po desetak ljudi i navaljivalo svojim uslugama. „Hej, ti, želiš vodiča?“ A netko me uhvatio za zapešće desne ruke i pritom neotesano buljio škiljeći prema meni.

Pobjegla sam u sjenu Velike džamije. Ali Velika džamija nije bila mjesto za nevjernike. Na glavnom ulazu dočekao me strog čovjek i rekao da je ulaz zabranjen. Bilo mi je dopušteno, ako želim, gledati prema unutrašnjosti s mjesta na kojem sam se nalazila ili s terase susjedne medrese – ali da sam ušla, oskvrnula bih džamiju. I tako sam poput odmetnika promatrala džamiju kroz zabranjeni ulaz i krajičkom oka vidjela jedan od slavnih paviljona ukrašenih arabeskama koji su stajali na obje strane. Potom sam se prašnjavim stubama jedva popela na krov medrese i pred sobom vidjela otvorenu dvoranu Velike džamije Keruan, najveće u Africi. Odmah sam zamijetila kako mi dostojanstveni lik naslonjen na jedan od paviljona ukrašenih arabeskama gestikulira da odem.

Četrdeset kilometara zabranjenih zidina i veličanstvena vrata s mozaicima između njih. Iza njih nalazio se drevni sultanov grad Meknes – marokanski Versailles. Turistima je bio dopušten ulazak u sultanovu džamiju, razgledanje njegova groba i fotografiranje ornamentalnih školjki, cvijeća i vrpca isprepletenih u kamenu oko prelomljenih lukova, mogli su se diviti ruševnim tamnicama kršćanskoga zatvora gdje su bili zatočeni prvi heretici – jedino je sultanova palača, pravi marokanski Versailles, bila zatvorena za posjetitelje.

Stoga sam otišla razgledati medresu u najstarijem dijelu grada. Medresa je stara muslimanska škola gdje su dječaci proučavali Kuran – i tamo je svima bio dopušten ulaz. Meknes se može pohvaliti jednom od najboljih medresa u zemlji, građevinom na tri kata s dvorištem uokvirenim arkadama, a zidovi škole izgledali su poput vela od nježne kamene čipke. Izvorne spavaonice i praonice iz 13. stoljeća ostale su netaknute, ako ste ih htjeli vidjeti, nitko vam nije stajao na putu – pod uvjetom da ste vodiču prije toga dali napojnicu.

Ponovno sam lutala ulicama medine gdje su zlatari čekićima lupali po bakrenim kalupima, a svi ostali odmarali se tijekom popodnevne sieste. Tražila sam restoran u kojem bih mogla pojesti kus-kus. To je posebno marokansko jelo, osobito ukusno spravljeno na tom području, a sastoji se od krupna šafrana, kukuruza i pšenice skuhanih na pari, začinjenih i pomiješanih s mesom, maslinama, krupnim slatkim grožđicama i svime što kuhar odluči dodati. Zastala sam ispred nečega što je izgledalo kao otvorena kuhinja i upitala što imaju u ponudi. Primijetit ćete da većina marokanskih restorana ima kuhinje koje su otvorene na ulicu i svoje jelo možete odabrati izravno iz vrelih lonaca prije nego što uđete – jelovnik je tamo suvišan. Prostorije za objedovanje bile su skrivene u pozadini, a na prvom katu nalazila se posebna prostorija za žene.

Na katu je bila samo jedna starica koja je prevrtala po torbi punoj naranči koju je ponijela sa sobom. Kada sam sjela, pružila mi je jednu, a preko cijelog lica ocrtao joj se ljubazni krezubi osmijeh. Komunicirajući jezikom gesti i nerazumljivih uzvika, dale smo jedna drugoj do znanja da nam je drago što smo se upoznale. Pridružile su nam se dvije mlade dame u tamnoplavim đelabama. Uklonile su svoje velove s lica i počele razgovarati sa mnom na nesigurnom francuskom jeziku. Jedna od njih predstavila se kao Fatima. Rekla je da živi s majkom u nekom gradiću u pustinji južno od Meknesa, a bavila se tkanjem tepiha za turiste. Jednom je bila zaručena, ali, prema Fatimi, svi marokanski muškarci bili su loši i bježali su od svojih žena – njezin je morao pobjeći u Pariz. Do kraja obroka Fatima me nazivala svojom sestrom i molila me da je posjetim u njezinu pustinjskom domu.

Moulay Idriss je sveti grad u planinama blizu Meknesa, toliko je svet da samo muslimani smiju spavati unutar njegovih zidina. Zapravo je to prilično zapušteno mjesto s gomilom ruševina i sumnjam da bi nekom strancu bilo primamljivo tamo ostati čak i da je to dopušteno. Ali nekoliko kilometara dalje u dolini smjestio se Volubilis, a vrijedi otići autobusom do Moulaya da biste ga vidjeli.

Volubilis je arheološki lokalitet rimskoga grada, spomenik iz antike neočekivano smješten u maurskom svijetu. A ne možete se oduprijeti njegovu utjecaju. Lutajući od jedne palače do druge, is-

pod slavoluka i kroz veliku glavnu cestu gdje su nekoć tutnjale po-
vorke ratnih kočija, preko foruma i kroz nevidljive zidove bazilike,
gotovo da možete vidjeti kako se duhovi grada oko vas vraćaju u ži-
vot. Spomenici nisu stršali iz suhe zemlje ogoljeni poput muzejskih
primjeraka, nego su, poput onih u *Chellahu* u Rabatu, bili okruženi
bujnim vrtom, čempresima i cvijećem koje se ispreplitalo oko stu-
pova. Drevne uljne preše ležale su u nepokošenoj travi, a kraj njih
uzdizale su se bogataške vile. Zapravo je samo pod ostao očuvan,
podloga načinjena od svijetlih mozaika s likovima dupina i cvijeća,
Venere okružene obožavateljima ili Orfeja s lirom u ruci okruženo-
ga životinjama i pticama. Još jedno pročelje.

Fatima me čekala na tržnici. Sa sobom je povela malenu rođaki-
nju da joj pomogne nositi teret i zajedno smo se probijale kroz
kamenite ulice pune pijeska. Kuće su bile sagrađene od smeđe pre-
šane gline i očito su imale debele zidove. Pretpostavljam zato da
bi održavale kuću hladnom ljeti i toplom zimi. Na većini sićušnih
prozora kapci su bili zatvoreni pa su izgledali kao umorne, zatvo-
rene oči. Zapravo, cijeli je grad izgledao poput svojih stanovnika,
kao da je u snu ili pod velom. Osim na tržnici, vani je bilo malo
ljudi, samo nekoliko žena koje su išle po vodu, tu i tamo poneki
magarac ili zalutali pas. Fatimina kuća bila je skromna i lišena svih
zapadnjačkih utjecaja, ako izuzmemo tranzistor i plastično cvijeće
u kutu.

Tamo sam napokon mogla vidjeti tračak onoga što se nalazilo
iza pročelja. Skupina arapskih žena stajala je oko mene u raskoši
svile i brokata, bogatstvu jarkih boja i sjajnih tkanina omotanih oko
njihovih punašnih figura, njihove noge bile su skrivene iza divnih
širokih hlača, a oko glava i ramena lepršali su velovi. Njihovi osmi-
jesi imali su nedokučiv, ne trenutke čak i sumnjičav trag i otkrivali
su redove vidljivo loših zuba. Prisjetila sam se zavodljivih tajan-
stvenih očiju kojima sam se divila u Tangeru i počela sam cijeniti
prednosti đelabe.

U kući je bilo mračno, a činilo mi se kao da se glineni zido-
vi sa svojim sićušnim prozorima približavaju jedni drugima. Žene
su u kuhinji hranile djecu i pripremale kus-kus na otvorenoj vatri.
Fatima je predložila da odemo na tržnicu kupiti voće. Natrag na
napuštene ulice sa zagonetnim zatvorenim očima. Tržnica je bila
prepuna ljudi iz okolnih pustinjskih sela i naselja, većinom su to

bile žene koje su nosile djecu na leđima i začudo nisu bile odjevene u đelabe. Njihova sjajna odjeća bila je izložena svim pogledima, a izgledale su prikladnije odjevene za kakvu svečanu priredbu nego za neumoljivu pješčanu oluju na tržnici u pustinji. Proizvodi su uglavnom bili izloženi u šatorima; krupnija roba, poput tepiha, bila je nakupljena na otvorenom. Najčudnija od svih bila je tržnica soli, na kojoj je sol stajala izložena u velikim, grubim blokovima, poput stalaktita na pješčanom vjetru.

Navečer smo bile pozvane u kuću lokalnog liječnika. Vidio nas je na tržnici i vjerojatno je htio malo promijeniti društvo i razgovarati s nama. Njegova kuća bila je malo modernija od Fatimine, ali prazna i nezagrijana – a noć je bila hladna na uzvišenom pustinjskom tlu. Liječnik je upao u onu opasnu vrstu letargije koja se javlja kod većine gradskih muškaraca kada su prisiljeni na monotonu rutinu i odsječeni od ostatka svijeta. Razgovor je bio ispresijecan dugačkim pauzama. Liječnik me upitao kamo idem sutradan. Rekla sam da sam na putu za Marrakech. Marrakech je glavni grad južne pokrajine, oko 950 kilometara udaljen od mjesta na kojemu sam se tada nalazila. Na to je liječnik odjednom postao rječit i rekao mi kako na putu moram posjetiti Erfoud, draženo rajsko mjesto s palmama datulja koje nipošto ne smijem propustiti. U međuvremenu se njegov sluga, kojega je poslao da kupi nešto za piće, vratio s petnaest boca piva i stavio ih među prašnjavi, neprivlačni kaos na stolu. Liječnik se ispričao i rekao da ima „porođaj koji treba nadgledati" i napustio je prostoriju. Vratio se za pola sata i objavio da se rodio dječak. Upitala sam Fatimu je li liječnik oženjen; ona je odgovorila da nije, ali da je bio triput zaručen, no napustio je sve tri žene.

Kako smo došli, tako smo i otišli, kao potpuni stranci. Liječnik mi je poželio sretan put, rekao da ne smijem propustiti Erfoud, i vratio se svojim bocama.

Pukom slučajnošću Fatima je također planirala putovati u Marrakech. Stoga smo odlučile poći zajedno i, prema liječnikovoj toploj preporuci, skrenuti prema Erfoudu. Za mene je to značilo poprilično duži i naporniji put kroz pustinju i trebala sam žrtvovati barem četiri dana zbog vožnje autobusom, ali kada sam se već namučila da dođem do Maroka, htjela sam vidjeti što više raznolikih mjesta i pejzaža. Fatima je sljedeće jutro imala nekih obaveze kod kuće pa smo se dogovorile da će doći poslije automobilom s prijateljima, a za mjesto sastanka odabrale smo hotelčić u Erfou-du.

Dotad sam imala dobrih iskustava s marokanskim autobusnim prometom i krenula sam bez ikakve bojazni. Stvari su krenule na-opako u gradu Mideltu. Tamo počinje pusta kamena pustinja koja graniči sa Saharom, a za ljude koji žive na tom području autobus je jedina veza s civilizacijom. Nije mi bilo jasno kako je toliko putnika moglo doći iz tih velikih i golih planina, ali bili su tamo, čekali u raštrkanim grupicama i svakih stotinjak metara zaustavljali autobus, uz neprestano komešanje stavljali prtljagu na krov i ne mareći za vrijeme, tražili novac za karte. Proces bi se obrnuo kada su ljudi svakih stotinjak metara zvonili zvoncem za izlazak. Pitala sam se hoće li autobus ikada stići do Erfouda. Povrh toga, naš je vozač u svakom većem selu preuzimao ulogu poštara za lokalne ličnosti, a mi smo strpljivo čekali dok se on ne vrati – noge su me boljele od ukočenosti, oči su me pekle, a tjeme svrbjelo od pijeska i opet sam počela cijeniti prednosti đelabe.

U Ksar-el-Souku glavna cesta račvala se za Marrakech – i ne znam zašto nisam tamo izašla iz autobusa i ostavila poruku Fatimi na mjestu gdje se prodaju karte. Mora da je to bila ona neprestana želja da iskušavam sreću i vidim što će se dogoditi. Bilo kako bilo, nevoljko i posve svjesna da me svaka sekunda vodi u goli bezdan pustinje s malim izgledima za pravodoban i udoban povratak u ci-vilizaciju nastavila sam putovati prema Erfoudu. Putovanje se us-porilo još više. Autobus je stao u spremištu, natočili smo gorivo, provjerili gume i promijenili ulje, a vozač je sebi kupio nešto za jelo. Nastavili smo pustolovinu na kamenoj pustinjskoj stazi, ljudi su ulazili i izlazili svakih stotinjak metara te micali i stavljali prtljagu na krov ceremonijalnom pedantnošću. Pejzaž je postajao tako ogo-ljen da je svaka naznaka zelenila bila senzacija. U jednom trenutku nešto se dogodilo s motorom i nismo imali izbora nego čekati dok ga vozač ne popravi.

A kada smo napokon stigli u Erfoud, ukočeni i žedni, a izgledali smo poput minijaturnih pješčanih dvoraca od glave do pete, i kada sam vidjela da to nije dražestan raj palmi datulja, nego prašnjava, zabačena nakupina kuća raštrkanih nad pijeskom na samom kraju pustinjske ceste, bila je to kap koja je prelila čašu. A povrh svega, Fatimi nije bilo ni traga.

Otišla sam u restoran, naručila omlet i odlučila se vratiti u civilizaciju prvim mogućim autobusom. Krenuo je sljedeće jutro u 1.30.

Kašbaški krajobraz u južnome Maroku.

12.
Pogled na pročelja (ii)

B ezvoljno sam prčkala po omletu kada mi je netko ponudio novine. Ono što me najviše iznenadilo bilo je obraćanje na najsofisticiranijem francuskom koji sam u Maroku čula. Prihvatila sam stoga novine, promrmljala nešto pristojno i prolistala ih bez imalo interesa. Dvojici se muškaraca za stolom do mene – jedan je bio mlad, vitak i europska izgleda, a drugi tamnoput, usporen i groteskno debeo – služila najraskošnija večera. Počeli smo razgovarati i ispalo je da je mlađi muškarac bio u Erfoudu na poslovnom putu i da se sutradan kombijem vraćao kući u Marrakech. Kako sam pri kraju večere otkrila da prvim autobusom planiram krenuti u Marrakech, dok su nam nosili kavu, čula sam kako mi se nudi ekspresno razgledanje grada.

Zapravo smo otišli do Rissanija, 20 minuta udaljenog od Erfouda i zadnje točke na kojoj žive ljudi prije beskraja Sahare. Kako ondje nije bilo nikakvih svečanosti niti se po mraku moglo išta vidjeti, otišli smo do prašnjavog kafića na kavu, na instantnu kavu s prokuhanom vodom i konzerviranim mlijekom. Popili smo je ispod pjeskovitog portreta marokanskoga kralja i pokušali zamisliti kako bi bilo živjeti u Sahari koju nismo mogli vidjeti. Muškarci koji su se lijeno zavalili ispod nadsvođenog prolaza buljili su u nas posjetitelje iz drugoga svijeta. Tada sam čula kako mi se nudi prijevoz do Marrakecha.

Sunce je tek izlazilo kada smo se požurili natrag u Ksar-el-Souk u malom urednom dostavnom kombiju koji je pripadao nekakvu marokanskom građevinskom poduzeću. Tako smo napustili taj bogu-iza-nogu gradić na rubu Sahare i približili se civilizaciji za tri dana. Mladomu muškarcu, čije je ime bilo Larcen, nije bilo jasno što me nagnalo da se uopće toliko udaljim od civilizacije. Rekla sam mu da je dijelom bila riječ o nesretnom slučaju, a dijelom o neizlječivoj potrebi da se uvijek dopre do pozadine nečega. Toga smo se principa držali sve do Marrakecha. Nakon Ksar-el-Souka cesta je postala lošija, krajolik je postao posve pust, a zelene niti koje su zapravo bile oaze doline posve su nestale. Najbolji pokazatelj ljudskog života bio je grad oaza Goulmima, na koji smo naišli nakon dva sata vožnje po kamenitim klancima. Žene su u vodi prale rublje, a pokraj njih su u sjenama ispod palma uživali magarci. Činilo se da svatko pokazuje svoju najsjajniju svilu i brokat, baršunasti su rukavi bili zasukani da bi se rublje moglo trljati, zlatne su se suknje neoprezno vukle po pijesku, a divovske kutije praška za rublje uvezenog iz Francuske bile su razmetljivo ukopane na obali. Žene su znatiželjno gledale dok je kraj njih prolazio kombi i primijetila sam kako, poput maorskih plemena na Novom Zelandu, oko čela imaju rupce u bojama. Lica su im bila neobična, divlja i neproporcionalna, usta velika, a zubi nepravilni. Neke od njih glavu su sramežljivo pokrile crnim velom dok smo se približavali, a sve su se odbile fotografirati.

„Žena nikada ne smije znati koliko je lijepa", rekla je Lancenu jedna od njih na arapskom.

Naše je sljedeće stajalište bilo mjesto dvjestotinjak kilometara dalje označeno na karti kao grad. Planirali smo kupiti nešto za podnevni objed, ali sve što smo mogli zgrabiti bio je kruh, hrskav i plosnat arapski kruh tek izašao iz pećnice, konzerva sardina i nešto limunade. Čak ni naranče nismo imali gdje kupiti. Od čega žive ljudi ovdje – jednostavno ne znam. Ovaj smo ručak pojeli na velikom, visokom i usamljenom klancu vraćajući se nešto unatrag cestom na kraju neravne staze. Divovski su kameni zidovi gotovo gurali jedan drugoga i dosezali do užarena neba. Tamo na tlu osjećao si se vezanih ruku i nemoćno, kao da će kamene strane pasti i pokopati te živog.

Nakon toga počela je regija neobičnih marokanskih feudalnih uporišta zvanih *kazbe*. Oni se uvijek grade od zemlje koja ih okružuje i njihova se boja toliko stapa s bojom okoliša da vam se čini kao da nikada ničega tu nije bilo. Njihovi bedemi sa strijelnicama otvoreni su prema nebu pa kule i kruništa nalikuju na srednjovjekovne dvorce od pijeska. To bi me automatski podsjetilo na krovove i palače u Riyadhu. Katkad bismo na hrpi vidjeli na desetke takvih dvoraca iz zemlje igračaka, a njihovi sićušni prozori bili su nalik sklopljenim očima. Osim pokoje arapske žene u blještavoj odjeći kojoj se s vratima gubi svaki trag, ništa nije odavalo znakove života. Katkad bi bili raspršeni po dolini, drugi put skriveni u klancu. Katkad izloženi na otvorenoj ravnini, drugi put okupljeni oko prašnjave oaze. Njihove bi kule i bedemi bili pažljivo ukrašeni figurama i uzorcima ili pak nisu imali ukrase i bili su ružni. Ali uvijek su bili usamljeni, napušteni i misteriozni. Ipak, ova uporišta mogu činiti cijelo selo – na jedno smo slučajno naišli odmah izvan Erfouda noć prije, s trgovinama i tržnicom i prenapučenim životnim prostorom. Ovdje nismo vidjeli ništa doli toliko ljusaka uspavano stopljenih sa zemljom oko njih.

Nakon grada Ouarzazatea ponovno počinju planine, tmurne i crvene. Cesta se stijenom uspinje u beskrajnim dvostrukim zavojima i prolazi pokraj usamljenih sela sve dok se napokon na 1800 metara nadmorske visine ne pojavi tjesnac, a pred vama se ukaže najraskošnija panorama zelenoga. Iza vas su crvene planine grada Ouarzazatea, a ispred vas zelene planine Marrakecha, dva krajolika možete obuhvatiti jednim pogledom. Vijugavi put prema dolje jednako je strmovit kao i onaj prema gore, spuštate se prema divovskoj dolini Atlas, gdje su polja plodnija, a sela svakim kilometrom sve veća i mali vam pastiri s brojnim kozama i ovcama na okupu krče put, dovikuju moleći vas cigaretu ili koji drugi mali znak pažnje, bakšiš. Iza ugla se između veličanstvenih mračnih planina odjednom ispred vas ispruži bogata nizina Marrakech obasjana večernjim Sunčevim zrakama.

Djemaa el-Fna – Trg odrubljenih glava. Ovo je mjesto na kojemu su se odrubljene glave državnih neprijatelja i pobunjenika nekada nabijale na kolac kako bi svjetina mogla pljuvati na njih, dok je danas tu središte staroga dijela Marrakecha, dio grada koji vrvi neurednim fragmentima života. Djemaa el-Fna golem je, a ipak nedovoljno velik da ugosti svu svjetinu koja ovamo dolazi svako popodne kako bi prisustvovala narodnim svečanostima. Svaki je dan isti, jedne te iste skupine kostimiranih plesača vječno popraćenih ritmovima bubnjeva u pozadini, jedni te isti akrobati, krotitelji zmija, zabavljači, pripovjedači priča koje su se mogle čuti i prije petstotinjak godina

– svi oni okruženi su očaranom publikom koja se znoji, dere, pljuje, udara po natkoljenici te gromoglasno i nepristojno smije.

Netko mi je ponudio mjesto na drvenoj kutiji da bih mogla gledati plesače u crvenim i bijelim hlačama kako izvode skokove poput onih u džungli, a netko je drugi prišao s košaricom da bi od mene iznudio novac. Ritam bubnjeva udarao je i dalje. Počela sam fotografirati i prišao je netko tražeći još novca. Odlučila sam otići negdje drugdje. Gotovo sam se spotaknula o muškarca koji se igrao žicama postavljenima na kutiji. „Stavi prst ovdje", rekao je jedan od njih. Poslušala sam pa su mi oko prstiju čvrsto zavezali žicu na što su svi počeli pljeskati.

„Pokaži mi pedeset dirhama,[14]" poviknuo je netko drugi. Bez razmišljanja sam izvadila novčanicu od pedeset dirhama iz torbice i pokazala mu je. Muškarac s kutijom sa žicama počeo je ponovno svirati i promašio je moje prste što je izazvalo urnebesan smijeh. Navodno sam svoju novčanicu od pedeset dirhama nesvjesno stavila kao ulog i izgubila – novac mi je bio otet iz ruke.

„Vrati mi to odmah", naredila sam ogorčeno, ali bilo je uzaludno. Moju je novčanicu netko bio prisvojio, igra se nastavljala, a svjetina se jednoglasno slagala. Kocka je kocka. Psujući prokletstvo svoje gluposti, nastavila sam ih moliti izvlačeći se na neznanje te sam čovjeku na svom najenergičnijem francuskom rekla da su brutalni varalice. Na to nisu obraćali pozornost i on se nastavio poigravati žicama. A ja sam ih nastavila zasipati uvredama. Tada je neki muškarac iz gomile – bio je neobično visok i snažan, imao je ručnik omotan oko glave i mrenu u lijevom oku – počeo koračati prema čovjeku koji je u džep bio stavio mojih pedeset dirhama, zgrabio ga je za rame i počeo psovati na arapskome. Pomislila sam da je slobodna borba na pomolu, ali kako je bilo očito tko je jači, kockar mi je predao novčanicu psujući i pljujući. A igra se nastavila. Pobjegla sam što sam prije mogla i čim sam se progurala iz gomile, počela sam iz džepa vaditi bakšiš za čovjeka koji mi je pomogao. Svladavajući me svisoka i ljutito grabeći novac dok mu je natečeno slijepo oko suzilo na najodvratniji mogući način, protresao me za rame i izgovorio: „Budalo!"

---

[14] *Dirham* ili *dirhem* službena je marokanska valuta.

Krenula sam hodati prema *sukovima*[15] sjeverno od trga u kojima su se sada održavale raznorazne večernje aktivnosti. Vrlo su slični onima u Fezu, samo što su veći i ugošćuju više turista. Na ulazu je slavoluk po uzoru na maorsku žbuku, a ispred slavoluka skupina prosaca koji u zboru jednolično traže milostinju te se izmjenjuju za izvođenje samostalnih dionica. Kraj njih prolaze tržničari ne primjećujući ih. To je poput sablasnog jednoglasnog pjevanja koje prijekorno odzvanja sukovima i stapa se s bučnim glasovima onih koji se pogađaju oko cijena. Povremena su im konkurencija zvuk zlatareva čekića te psovanje goniča magaraca.

Među *sukovima* najsenzacionalniji je onaj bojitelja, gdje pređe i konci u najsjajnijim mogućim bojama vise o konop da bi se osušili na suncu; najmirisniji onaj štavitelja, gdje su kože u različitim fazama dotjerivanja gole raspršene posvuda, a najkomičniji onaj s devama. Među dućanima najintimnije su one mračne špilje u kojima se prodaju tepisi istrgnuti iz goleme hrpe i polegnuti ispred vaših nogu, onoliko njih koliko procijene da ste zainteresirani, dok su najprimamljiviji dućani s ručno izrađenim proizvodima koji svjetlucaju pod svjetlom uličnih svjetiljki. „Kako se zoveš?" – „Treba li ti vodič?" – „Dođi za mnom." – „Odakle si?" – „Trebaš vodiča?", sa svih strana dolijeću ova neizbježna pitanja, neizbježna namigivanja kojima vam domoroci žele poručiti da, s obzirom na to da ste Europljanka, mora da ste slobodni za sve. „Hej, ti, dođi ovamo." Ali prije nego što me se muškarac uspio dokopati, pobjegla sam pred slavoluk k manje zahtjevnim prosjacima.

Neki govore da niste vidjeli Maroko ako niste bili u Marrakechu. Slažem se s njima. Jer Marrakech nije samo lijep grad, već je zasigurno i najposebniji grad i – sa svim svojim neurednim šarenilom, svojom „zemljanošću" i brutalnošću u kombinaciji s naivnim smislom za umjetnost, to je najafričkiji grad koji sam vidjela u Maroku. Govorim dakako o starom Marrakechu, gdje spomenici minulih godina krase sporedne ulice. Novi dio grada, udaljen autobusom 5 minuta uzbrdo od glavne ulice, profinjen je, planski sagrađen i europski *par excellence* grad vrt s brojnim prostranim parkovima kojima prolaze travnate avenije. Zgrade se u vodičima opisuju kao

---

[15] *Souk* ili *suk* je tržnica na otvorenom u arapskim ili berberskim zemljama. Također, jedna se velika tržnica može sastojati od nekoliko *sukova*, kao što je i opisano u tekstu.

crvene ili ružičaste, neki govore da su bež ili oker, ali ono što sam ja vidjela zgrade su u boji koraljne breskve, sjajne zgrade, ali ne kičaste, s tada procvjetalim svjetloljubičastim drvećem jakarande u pozadini.

Larcen je dan nakon što smo stigli u Marrakech postao povod za slavlja te je s kolegom isplanirao pravu „marokansku" večer u pravoj marokanskoj kući, a na to sam slavlje bila pozvana i ja. Nakraju je ispalo da je kuća veliki stan s televizorom, radiogramom i francuskim pokućstvom. Jeli smo francuski kruh sa švicarskim sirom i krastavcima, pili Coca-Colu. Nakon čega smo zaplesali na španjolske narodne pjesme i američke hitove. Prisjećajući se Fatimine kuće, koja osim nekoliko kauča uopće nije imala pokućstva, shvatila sam da je jedini marokanski proizvod u sobi bio kožnati puf i pitala se što pozapadnjačeni Marokanci Marrakecha smatraju stranim.

Bila su tri sata popodne i vrijeme kada normalni ljudi odlaze na siestu[16]. Sjedila sam u romantičnom prenabujalom vrtu u bijednom malom hotelu u kojem sam odsjedala, iskoristila sam zatišje da bih neometano pisala svoj dnevnik i radila planove za folklorni festival. Veliki je to godišnji događaj u Marrakechu na koji dođe i sam kralj. Glavna je atrakcija izvođenje folklornih plesova u ostacima stare palače obasjane reflektorima. Nakon lijenog odmora u poznatom ljetovalištu Agadiru u Marrakech sam se planirala vratiti samo radi toga.

Hotelskom vrtu približavala se večer i travnjakom su vladale sve veće sjene različitih kaktusa, biljaka penjačica, palmi i drveća limuna. Vratar je odustao od pokušaja da s puta miče lišće i latice koje su neprekidno padale i razvalio se na ležaljci. Nakon sieste ponovno su se dizale rolete, a ulice bi oživjele. Malo sam bila uzrujana jer sam Larcena čekala dva sata. Sjetila sam se Rifija u Tangeru koji je odjednom nestao bez riječi; Fatime koja se nije pojavila na dogovorenom mjestu te se također više nije javljala; izjave da svi Marokanci od svojih žena pobjegnu te Larcenovih kolega koji su se ponudili da će mi pokazati neke lokalne znamenitosti i više se nikada nisu pojavili da bi održali riječ. Upitala sam se je li takvo ponašanje ovdje uobičajeno.

Umorna od čekanja, konačno sam otišla do kafića, naručila aperitiv i nastavila pisati svoj dnevnik.

---

[16] Podnevni počinak u nekim zemljama južne Europe te Azije i Afrike, također može podrazumijevati spavanje poslije objeda.

„Oprostite, pišete li članak?"

Bio je to stariji gospodin izrazito europskog izgleda te je za stolom do mojega sjedio sa starijom gospođom izrazito europskog izgleda. Kako sam radila na gruboj skici nečega za što sam se nadala da će poslije završiti u tisku, rekla sam da uistinu radim na jednom članku. Predstavio se kao novinar i jedan od zaposlenika marakeških vodećih novina, Francuz rođenjem, a Marokanac izborom. U Maroku je živio trideset godina, gospođa do njega pedeset. Mislim da u Maroku ne postoje ushićeniji državljani od Francuza koji ondje žive.

Ispalo je da je gospodin André od velike pomoći, velikodušan i pouzdan, sve u svemu vrijedan kontakt. Predstavio me najpoznatijem fotografu u Maroku koji je o plemenima i običajima pustinja i planina znao više od ikoga u Marrakechu i odveo me u skrivene kutke grada koje turistima ne padne na pamet razgledati, počastio me raskošnim objedom u jednom od najboljih francuskih restorana i pozvao da budem njegova gošća na folklornom festivalu kada se vratim.

Prepuna iščekivanja krenula sam u Agadir.

Agadir je ljetovalište na obali čuveno po svojoj „idealnoj klimi". Ugodno je smješten u „zaklonjenom zaljevu" te kao i na Kanarskim otocima ondje je „uvijek toplo i sunčano i nikada pretoplo ili prehladno".

Kada sam stigla, padala je kiša, bili su to prvi oblaci koje sam vidjela nakon francuske granice. Izvan grada otkrila sam mali hotel u marokanskome stilu i s upraviteljem hotela nagodila se oko cijene prihvatljive za dvotjedni najam. Agadir je u potresu 1961. bio potpuno uništen. Iako se obnavlja tako što se grade sjajni bijeli hoteli i prostrani parkovi i bulevari, smještaj je i dalje neprimjeren i, s obzirom na ono što se nudi, suludo skup. Stoga sam sa svojom sobom oko koje sam se cjenkala, a bila je pokraj dvorišta s veselo raspoređenim stupovima bila vrlo zadovoljna. Budući da se sunce maksimalno trudilo pokazati, odlučila sam otići do plaže, i to prečicom kroz polja. Nesvjesna da me netko prati, veselo sam se provlačila kroz grmlje, sve dok me taj netko odostraga nije snažno zgrabio za ruke. Bilo je kristalno jasno što je kanio te sam se nakon kratke borbe uspjela izvući i potrčati do plaže.

Ondje se malo toga moglo učiniti s obzirom na to da je puhao vjetar. Nekoliko je hrabrih turistica ležalo u bikinijima, a hrpa mladića skrivena u grmlja buljila je u njih. Vidjela sam kako snažni naleti vjetra nose pijesak sve do novog novcatog kafića na plaži, a šetalište je gotovo posve zameteno i zaključila da dan ipak nije najbolji za sunčanje.

Sljedeći je dan još jače puhalo. Dan nakon toga bilo je oblačno i kišovito. Uputila sam se u desetominutnu šetnju do grada i natrag i pobrojila automobile koji su stali kraj mene ili me pratili brzinom hoda sve dok vozač ne bi shvatio da ne cijenim njegovo društvo. Otišla sam u trgovinu kupiti nešto za večeru, a pritom su mi se obratila devetorica mladih muškaraca. Sljedeći je dan također bio oblačan, a kafić je bio gotovo ukopan u pijesak. Svi su govorili da je to čudno i da takva vjetra u Agadiru nije bilo godinama. Navečer je upravitelj hotela pokazao neobično zanimanje za moj privatni život i osobno me otpratio do sobe.

Sutradan sam bukirala prvi let za Kanarske otoke i prvim se autobusom uputila u Marrakech.

Prije nego što sam krenula u zračnu luku, napisala sam pismo gospodinu Andréu u kojem sam mu zahvalila na ljubaznosti i izrazila duboko žaljenje zbog nemogućnosti pribivanja folklornom festivalu te mu objasnila da sam Maroko napustila mnogo ranije od planiranoga dijelom zbog nepodnošljiva vremena, a dijelom zato što nisam mogla napraviti desetak koraka da me ne tretiraju kao prostitutku.

Tjedan dana nakon povratka u München stiglo mi je pismo gospodina Andréa. U kuverti je bio članak iz vodećih novina u Marrakechu u kojemu je on iznosio kvalitetnu analizu onoga što sam mu bila rekla o svom putovanju Marokom. Članak je opisivao mene te završavao riječima koje sam smatrala vrijednom kritikom: „...i molili smo je da ne obraća previše pozornosti na te jadnike koji su joj uništili inače ugodan posjet. Kažemo jadnici jer je nezamislivo da unatoč obrazovanju ti rado-bi-bili-Casanove nisu naučili razlikovati žene slobodne za sve od posjetiteljica koje u zemlju dolaze iz drugih razloga, a ne radi puke potrage za seksualnom avanturom. Tužno je da takvi tipovi štete našem turizmu tjerajući one kojima se obraćaju i tužno je da će spomenuti njemački časopisi biti zakinuti za nešto beskrajno zanimljivo kao što je marakeški Festival folklora".

13.
Budističko hodočašće

UIndiji nema kraja hipijevcima. Odlaze tamo kako bi uživali u toleranciji koja vlada zrakom, u suncu i u jeftinu životu, a katkad i kako bi prakticirali istočnjačke duhovne discipline. Indijci ih smatraju poprilično ludima. Kako se itko može odreći blagodati Zlatnoga zapada kojih se oni očajnički pokušavaju dokopati i doći živjeti u prljavštinu divljine, svim je Indijcima s kojima sam razgovarala to bilo neshvatljivo. Štoviše, hipijevci, koje domoroci smatraju ljudima koji žive od krađe i prostitucije, uživaju najgoru moguću reputaciju. U Goi sam vidjela skupine hipijevaca najčešće na nekoj od veličanstvenih plaža, gdje žive, puše i spavaju. A na brodu za Cejlon bila ih je gomila – umjetnički tipovi, nakinđureni tipovi i bradate pojave u vrećastim biblijskim nošnjama pojave se pred zbunjenim carinicima samo s onim u čemu su se probudili. A sada su u Anuradhapuri, gdje sam bila prekinula putovanje da bih razgledala ruševine, trojica hipijevaca izlazila iz vlaka. S nekoliko smo sati zakašnjenja stigli usred noći pa sam se na željezničkom kolodvoru odmah uputila prema sobama za odmaranje, a moja su tri suputnika radije prespavala u čekaonici.

Sljedeće mi se večeri jedan od njih pridružio za ručkom u restoranu na kolodvoru. On čini se nije imao ništa s drugom dvojicom hipijevaca koji nisu izlazili iz čekaonice niti su se miješali s drugima. Nisu ni gunđali ni od sebe radili budale, već su se u svojoj vrećastoj odjeći cijeli dan lijeno izležavali na stolu pušeći nešto jako. Ovaj je mladić nosio *dhoti*[17] i bijelu majicu, što je među hipijevcima popularno. Usto, shvatila sam ubrzo, nije imao puno toga zajedničkoga s hipijevcima uopće, samo to da je nekada bio jedan od njih. Poslije ručka, dok smo pili pivo i jeli mango, a oko golih žarulja iznad naših glava zujali su komarci, ispripovjedio mi je kako se sve dogodilo. Englesku je napustio prije nekoliko godina nakon što se rastao od prve žene i sreću odlučio pronaći drugdje. Naišao je na neke ljude koji su od ideala kapitalističkog uređenja bili umorni koliko i on te su zajedno stopirali do Bliskog istoka. Ondje se uništio drogama i nakon neuspjela pokušaja samoubojstva otišao je sam do Indije, gdje se prisilio prestati uzimati drogu, držao se podalje od hipijevaca i ponovno oženio, no i dalje je bio razočaran. Život je počeo imati kakav-takav smisao kada je upoznao budističko učenje, da bi šest mjeseci nakon toga i prešao na budističku vjeru. U međuvremenu je njegova žena iz nepoznatih razloga izgubila razum. Sada se upravo vraćao iz Delhija, gdje se pobrinuo za to da mu žena odleti u London i bude smještena u ustanovu za mentalno oboljele te je potpuno pomiren sa svojom sudbinom bio na putu prema usamljenom mjestu u južnom Cejlonu, gdje će ostatak života provesti kao budistički svećenik.

Budistički svećenici uživaju veliko poštovanje među ljudima. U vlakovima njima pripadaju posebni odjeljci, a u autobusima posebna sjedala. Usto, ono što im je potrebno za fizičko zdravlje često mogu dobiti besplatno. Prvi put sam nekolicinu njih vidjela u Tajlandu, šetali su se u svojim sjajnim haljama boje šafrana i obilazili kuće moleći za hranu. No najviše su mi se urezali u sjećanje oni iz grada Kandyja u službi „čuvara zuba".

Kandy je bio glavni grad zadnjih kraljeva Cejlona. Sada je to ugodan kolonijalni grad atraktivno smješten pokraj mirne rijeke u svježini planina. Njegova je jedinstvena atrakcija Hram svetoga zuba u kojem se navodno čuva zub samoga Buddhe. Ovaj daleko najživlji hram koji sam u Cejlonu vidjela za hodočasnike je prava Meka. Ispod njegova trijema glazbenici strastveno sviraju flautu i bubnjeve, a pokraj njih prolaze vjernici noseći na dar frankopanke i latice lotosa. U budističkom bogoštovlju ima nečega otmjenog, nečega što je vrijedno poštovanja, bez isprazne galame i bez pre-

---

[17] *Dhoti* je četiri metra dugačka tkanina koju muškarci u vedskoj kulturi na raznorazne načine omotaju oko struka, a tkanina može biti od svile, pamuka ili jute.

tvaranja. A kako dragocjenih ostataka uopće nema, mnogo je toga ostavljeno osobnoj mašti. Ostaci su sakriveni u sedam zlatnih urni u grobnici unutar hrama, zidovi su ukrašeni zlatom i srebrom, a frankopanke i latice lotosa sakupljene na podu u mirisne hrpe crvenoga, žutoga i bijeloga. Na ulazu su dvije nježne, pristojne pojave gotovo posve podšišanih glava koje blistaju u svojoj odjeći boje šafrana te pozdravljaju hodočasnike – jednako budiste kao i ostale, dostojanstvena dobrodošlica na jednom od najsvetijih mjesta u zemlji.

Ako je otok Bali zadnji raj na zemlji, otok Cejlon bio je prvi. Da je biblijski vrt Eden zapravo Cejlon, postaje poprilično jasno ako proučite imena lokalnih mjesta. Adamov most, primjerice, skupina otoka na sjevernoj strani obale, očito upozorava na kamenje kojim je Adam koračao nakon što je bio istjeran iz vrta u manje rajsku nizinu koja je danas država Madras. Konačni je dokaz treća najviša planina u zemlji na čijem je vrhu Adam pažljivo usadio otisak svog stopala da bi ga buduće generacije dolazile štovati. Ili barem tako vjeruju kršćani. Budisti smatraju da su urezi u kamenu otisak stopala Gospodara Buddhe, hinduisti su uvjereni da je otisak ostavila jedna od brojnih nogu Gospodara Šive, a muslimani se kunu u to da pripada proroku Muhamedu. Na neki su način kršćani dobili bitku: planina je općenito poznata kao Adamov vrh.

Međutim, monopol nad otiskom nesumnjivo je u rukama budista: oni su nad stijenom sa svetim otiscima sagradili svoj hram i učinili ga najpopularnijim hodočasničkim centrom u zemlji. U ožujku i travnju na podnožje planine dolaze autobusi prepuni vjernika i svaki ih se tjedan na tisuće strmim putovima vuče prema gore. Njihov cilj nije Adamov vrh, već *Sri Pada* – Sveti otisak stopala.

Odsjela sam na plantaži čaja s obitelji *burghera*, mješanaca nizozemskoga i singalskoga porijekla, ostataka starih kolonijalnih dana kojih se još može naći po cijelom Cejlonu. U usporedbi s ostalim rasama na otoku, *burgheri* su visoki i plavooki i najčešće su kršćanske vjere. Na plantaži je bilo i njihovo dvoje rođaka iz Colomba koji nikada prije nisu bili na Adamovu vrhu pa su se penjanju veselili koliko i ja. Obiteljski je izlet stoga propisno bio organiziran.

Većina se ljudi na vrh uspinje noću: osim što je podnevno sunce prejako za ugodno planinarenje, velika je atrakcija panorama izlazećega Sunca za koju kažu da je, kada se promatra s vrha, prirodno čudo lokaliteta. Kako uspinjanje traje pet-šest sati, najveća je gužva oko 11, kada se na mjesto susreta u podnožje planine spušta niz autobusa, a prijevoz njima detaljno je isplaniran.

U noći crnoj kao ugljen mogli smo vidjeti niz svjetala postavljenih po cik-cak liniji koja su, činilo se, vodila u samo nebo. Vrh je bio tamo negdje među zvijezdama i njegovo je osvajanje moglo biti samo pusta želja. A mnoštvo hodočasnika bilo je slabo opremljeno za planinarenje: na okupu su bile cijele obitelji, uključujući i krhke bake i nejaku dojenčad, žene su nosile *sari*[18] i najtanje moguće sandale, a svežnjevi su ih, košarice i kovčezi vukli prema dolje. Jedina zaštita od hladnoće bili su im tanki ručnici omotani oko glava, dok su im noge bile gole, a vunena sukna nepostojeća.

Popili smo kavu u jednoj od brojnih čajana koje su zbog hodočasnika bile smještene oko autobusne postaje i pridružili se skupini iz Colomba. Prvih nekoliko kilometara iznad ulaza u sveti ograđeni prostor nije bilo neki problem, bio je to širok šljunčan put kroz plantaže pa smo svi krenuli s oduševljenjem. Ljudi su molili naglas, tu i tamo zapjevali bi u zboru, a u pjevanju nekakve vrste litanije izmjenjivali bi se u skupinama. „Obožavat ćemo...", zapjevali bi oni naprijed, „našega Gospodara Buddhu!", odjekivali su glasovi onih u pozadini, a potom bi svi zajedno poviknuli: „Blagoslovljen budi, Gospodaru!".

Staza je postajala sve strmija, neprohodnija i uža, a pjesmu je zamijenilo dahtanje i hripanje. Tada se iz daljine začula glazba i smijeh, na pomolu je bilo prvo u nizu odmorišta sa štandovima na kojima su se nudili lagani obroci za okrepu. Nedugo nakon toga naišli smo na svetu rijeku u čijim su se ledenim vodama hodočasnici kupali i tako čistili svoja oznojena tijela. Staza je ovdje prelazila u beskrajni lanac strmih, neravnih stuba isklesanih u stijeni..., penjanje je težak posao, tek je jedan sat, osvijetljeni cik-cak put i dalje vodi do zvijezda, a ti si već umoran.

Teškim smo se koracima vukli sve dalje i dalje zaustavljajući se svakih pola sata, svakih dvadeset minuta, stajali na svakom odmorištu. Neka su odmorišta bila opremljena krevetima ili čak i bolnicama za one koji bi se na putu srušili. Kad smo kod toga, neki se starac na jednome mračnom zavoju srušio ispred mene pa ga je njegov sin nosio na ramenima sve do prve stanice hitne pomoći.

---

[18] *Sari* je tradicionalni ženski odjevni predmet u Indiji. Riječ je o tkanini dugačkoj nekoliko metara koju žene, ovisno o regiji, oko tijela omataju na raznorazne načine. Tkanine su obično jarkih boja.

Ostatak je skupine teškim koracima išao ususret noći – muškarci, žene i djeca u različitim fazama iscrpljenosti, znojni i bosonogi, s teškim kovčezima na ramenima. Svi su oni nastavljali hodati nošeni vjerovanjem da je ovo iskazivanje štovanja Gospodaru Buddhi. Svoja bi izmorena tijela jačali pjesmom, molitvom i uzvikivanjem „Sadu"[19] – „Hvaljen budi Gospodaru!". „Sadu, sadu", odjekivalo je kako bi se ohrabrilo one u pozadini. Neka su odmorišta nudila igre i natjecanja kako bi se ljudima svratila pozornost od umora: u jednoj od njih valjalo je na kraju jako dugačkog pamučnog konca pronaći dranguliju jer onaj tko je pronađe dobiva poseban blagoslov.

Bližila su se četiri sata, a ja sam se spotaknula o kamenite stube jedva sposobna pomaknuti se i korak dalje. Doista sam se divila starijima koji su ovo činili svake godine. Pokraj mene je hripala stara naborana žena, njezin *sari* bio je natopljen znojem unatoč hladnom planinskom zraku. A onda napokon – štand koji je prodavao cvjetove lotosa, znak da je hram blizu. Na vrhu smo. Oštar uspon betonskim stubama, a na kraju ružna betonska građevina – sam hram. Skidamo sandale i bolnim koracima gazimo hladnim podom dok planine kao da podrhtavaju pod jakim vjetrom. Dahtanje i uzvike očajavanja zamijenilo je tiho štovanje, hodočasnici jedan za drugim kleče pred grobnicom i dodiruju kamen čelom, a svećenik prihvaća njihove cvjetove na dar i nad njihovim glavama mrmlja molitve. Pokraj žrtvenoga oltara nalazi se platno koje krije toliko štovanoga Sri Padu – otisku stopala nema ni traga.

Do izlaska Sunca dijelilo nas je još sat. Cijeli je hramski kompleks bio prepun hodočasnika koji su ispred grobnice nakon obavljanja svojih dužnosti sjedili, ležali, spavali na betonskim podovima stisnuti zajedno pokušavajući se zagrijati ručnicima i pamučnim tkaninama. Nitko nije gunđao, niti je tko izražavao nestrpljenje. Tada je netko uočio crvenu liniju na obzoru i svi smo poput jednoga izašli do vanjske ograde. Nijansa krvavocrvenog postajala je sve veća

---

[19] Riječ *sadu* ili *sadhu* javlja se i u hinduističkoj i u budističkoj religijskoj praksi. U hinduizmu *sadhu* svećenici žive u osami i svoj život posvećuju religijskoj praksi odričući se ovozemaljskih dobara. Nadalje, u hinduističkim religijskim kontekstima riječ također može jednostavno značiti „sveta osoba". Iako se to značenje djelomično poklapa i za značenjima koja se toj riječi pripisuju u budističkoj religijskoj praksi, *sadhu* je u budizmu uobičajeno usklik koji znači „Sve je dobro!". Ovdje u tekstu tim riječima hodočasnici zahvaljuju Gospodaru Buddhi na svemu što im je podario.

Spuštanje hodočasnika s Adamova vrha.

i bljeđa dok se nije stopila s maglovitom zlatnožutom nijansom iznad nje. Linije planinske panorame postajale su sve oštrije, zlatno se pretvorilo u limunskozeleno, krvavocrveno u narančasto, a na bljedoplavom nebu otvarao se cvijet lotosa. Tada se u daljini iza zupčane linije planinskih vrhova spokojno uzdignula velika zlatna kugla, kugla koja se među laticama lotosa stvorila iz mraka, a gomila se glasno zaderala „Sadu" – „Blagoslovljen budi Gospodaru!". Lotos je procvjetao, Sunce je izašlo, dan je.

Spuštanje je bilo mnogo lakše od očekivanoga i mačji kašalj prema potresnom uspinjanju noć prije. Doručkovali smo u jednom od odmarališta u kojem su ljudi kupovali suvenire – šarene slike Buddhe. Pogledala sam iznad sebe i vidjela planinski vrh kako se poput oštrice olovke podiže u sjajno nebo. Da sam noć prije polaska znala što me čeka pri usponu, vjerojatno nikada ne bih skupila hrabrosti da pokušam.

Nastavljali smo se spuštati, upoznali smo skupine hrabrih hodočasnika koji su tek kretali na uspinjanje danju i poželjeli im sreću. Tek je na svetim zidinama jedan od *burghera* izrazio svoje mišljenje. „Bože dragi," rekao je, „koja prijevara! Zar bih stvarno trebao vjerovati da je ispod platna otisak stopala?"

U međuvremenu su se budistički hodočasnici počeli slagati u redove za ulazak u autobuse – obiteljski izlet godine bio je završen.

Polonnaruwa je bio drugi glavni grad drevnog Cejlona, podignut je u 12. stoljeću nakon što su Tamili iz južne Indije osvojili Anarudhapuru. Ruševine se prostiru kilometrima područja koje je danas tropski travnjak i dok prolazite pokraj samostana i palača, pokraj *vihara*[20] i *dagaba*[21] te grobnica možete vidjeti kako su moćnici nekada živjeli i štovali bogove. Sjećam se zamršenih frizova sa slonovima u kraljevoj zimskoj palači, sjajnog poludragog kamena u podnožju hrama, veličanstvenih skulptura Gospodara Buddhe kako leži, stoji i sjedi, meditira, svjedoči i poučava – divovski Gospodar Buddha koji se bezglav i nenaoružan uzdiže u nebo. Sjećam se friza sto i četrdeset drskih malih patuljaka – nekih elegantnih, drugih zabavnih – kako proviruju oko hramskog dvorišta. Sjećam se kada u obliku lotosa, savršeno proporcionalnih i tužno napuštenih kamenih lotosa obraslih travom.

---

[20] *Vihara* je budistički samostan.
[21] *Dagaba* je u Mjanmaru naziv za budistički hram, dok se u Indiji on zove *stupa*.

14.
Posjeti saveznim državama

I.

Najružnije lice Indije vidi se u njezinim prosjacima. Najgori prikaz siromaštva, bolesti i korupcije. Stalna prisutnost osakaćenih, vječito ispruženih dlanova, slijepe oči i molbe uz cviljenje za milostinju mogu biti toliko dirljivi da se neiskusan pridošlica poželi riješiti sveg sitniša koji ima. A učini li to, samo potiče cijeli taj nemoralni biznis. Prositi je katkad unosnije nego raditi. Čak se pretvara u zanat koji se prenosi s koljena na koljeno. Roditelji sakate vlastitu djecu kako bi ih lakše zapazili ljudi meka srca, žene posuđuju izgladnjelu djecu za šetnje ulicama, muškarci se pretvaraju da su gluhi i slijepi, a bande otmičara bez muke zarađuju na hordama osakaćene djece koju šalju na tržnice. Jednom sam vidjela ženu kako leži pokraj ceste i jeca. Prolaznici su joj bacali novac. Poslije sam je vidjela na željezničkoj postaji vrlo živahnu kako sretno broji sitniš. Još tužnije od bolesti je siromaštvo – primjerice guba. Ulice Madrasa prepune su tih ljudskih ruševina, bez stopala, usana, nosova, slijepih, gluhih i sakatih. Sjećam se čovjeka koji je cvilio na pločniku. Lice mu je bilo masa čireva, nije imao ruku, a noge su mu bile zagnojeni batrljci. Navečer su došli njegovi rođaci, pokupili dnevni utržak i otkotrljali ga na malim kolicima poput kakva komada drva.

No postoje načini kako da im se pomogne i ljudi koji im zaista pomažu, primjerice sestre u koloniji gubavaca Fatima Nagar blizu Tiruchirapallija. Pozvali su me tamo da fotografiram i pripremim materijale za predavanja koje ću pokazati dobrostojećim zapadnja-cima tako da vide komu treba njihova pomoć.

Otišli smo iz Tiruchirapallija u malenom samostanskom auto-busu. Suputnik nam je bila mlada žena iz Fatima Nagara koja je svoje peto dijete nosila kući iz bolnice. Bilo je to najmanje dijete koje sam ikada vidjela, imalo je nepuna dva kilograma. Kupila sam majci minijaturnu dječju haljinicu na tržnici, a ona je zauzvrat dje-vojčicu nazvala po meni: Mary Donata.

Kolonija je bila smještena u turobnom i usamljenom dijelu doli-ne, ali nije bila ni približno nesretna kako to ljudi često zamišljaju. Jedna od najgorih stvari kod gube je stigma koju dobiju oboljeli. S medicinskoga stajališta, to je jednostavno bolest živaca i kože koja vodi deformaciji i gubitku osjeta u udovima, no uz pravodobno li-ječenje može se izliječiti.

S društvenoga stajališta to je sramota – pa su gubavci još i izop-ćenici. Zato se ne usude tražiti pomoć prije nego što bude prekasno, zato ignoriraju opekline i rane koje ne osjete, zato im udove zahvati sepsa pa otpadnu poput grančica. A najveća je tragedija to što smrt dolazi sporo.

Pacijenti su večerali kada smo stigli. Prekriženih su nogu sjedili na podu u dva dugačka reda okrenuti jedni prema drugima. Svatko je uzimao rižu iz svoje limene posude koju nijedan drugi pacijent ne smije rabiti, a osoblje i posjetitelji ne smiju je dirati. Kolonija ima modernu kuhinju koju je donirala njemačka dobrotvorna organi-zacija. Primijetila sam mnogo mačaka koje su zadovoljno prele na prozorskim oknima i upitala sestre vole li pacijenti jako životinje. Ne, ne baš, odgovorila je, mačke su tu da ubiju štakore koji dolaze noću i grizu gnjile udove.

Idućeg jutra glavna je sestra pronašla novog pacijenta šćućurena na samostanskim stubama. Prst mu je otpao na vrućini, rekao je, možda bi mu ona mogla pomoći. Poveli smo ga do ambulante gdje su unakaženi već u redu čekali liječenje. Pokraj je bila operacijska dvorana, čista, sjajna i jedva dovoljno opremljena, u kojoj se pripre-mala operacija udova. Vani na pijesku novi su se slučajevi upošlja-vali masiranjem savijenih i iskrivljenih prstiju, pripremali za dan kada će biti spremni za ravnanje. Sve u svoje vrijeme.

Najvrednija psihološka pomoć koju možete pružiti gubavcu jest učiniti da se osjeća korisnim. Kad god je to moguće, treba ih ohra-briti da rade. Postoje posebni blokovi raspršeni po dolini Fatima

Nagara opremljeni za tkanje, predenje i stolarstvo, neki pacijenti zaduženi su za upravljanje strojevima za pranje rublja, neki se brinu za cvijeće i kuhaju, a jedan je prodavač u maloj trgovini u koloniji. Pokazali su mi i kako se piše bez prstiju.

U Fatima Nagaru je 160 muškaraca i 20 žena, prema svima se odnose kao prema normalnim ljudskim bićima; njihovo zdravlje spominje se samo kada je to nužno, a pokazuju znakove patnje samo kada proživljavaju tjelesnu bol, poput onih koji su bespomoćno ležali na odjelima s debelim zavojima koji su pokrivali grozne gnojne rupe. Usto, nosili su svoj križ strpljivo, uz obnovljeni istočnjački fatalizam prema kojemu je sva patnja božanska kazna za prošla zlodjela. Čovjek se nasmiješio i pozdravio nas rukom bez prstiju, žena se nasmiješila i povukla preko svojih stopala bez prstiju najbolji *sari* koji je imala za europske goste – pozdravila nas je i krenula dalje veselo brbljajući o nečemu.

Prije nego što sam otišla, odveli su me u posjet Mary Donati u malenoj nadstrešnici u kojoj je živjela s braćom i sestrama, roditeljima te bakama i djedovima. Glavna je sestra ponijela nešto lijekova za najstarije dijete, živahnog i inteligentnog dječaka koji je bolovao od rahitisa. Koliba je bila ispunjena dimom, a krov rupama kroz koje je monsun natapao pod.

„Bože, voljela bih da su stali na manjem broju", uzdahnula je glavna sestra i dodala: „Kako da smjestim desetero ljudi u ovakav prostor?"

„Sigurno možete poticati planiranje obitelji?" upitala sam.

„Trudimo se podučiti muškarce suzdržavanju – zar ne smatrate da je Svemogući odgovoran za ostalo?"

„Ne, nažalost ne smatram", odgovorila sam.

II.

Pokraj Maduraija postoje dva velika stjenovita brda koja se izdižu iz doline. Jedno je gromada ružičasta i siva granita dugačka dva kilometra i izgleda poput slona koji leži. Zove se Yanaimalai – Slonovsko brdo. Drugo se zavojito nadvilo nad ravnim krajolikom, a zove se Nagamalai – Zmijsko brdo. I tu morate ići da biste pronašli Grad dječaka.

Autobusna postaja u Maduraiju bila je puna siromašne djece. Igrala su se u prljavštini, prosila i krala, živjela na smeću i spavala u blatu. Budućnost im je nudila samo bijedu i bolest. Barem je tako bilo dok nisu stigla braća De la Salle, pokupila ih iz prljavštine i odvela u Nagamalai, gdje ih podučavaju kako da žive.

Bio je tmuran dan kad sam otišla tamo, ali Grad dječaka i dalje je bio veselo mjesto. Nije bilo pobožne sentimentalnosti koju očekujete u vjerskoj zajednici, život je bio bučan, praktičan i pun zdravog razuma. Vjera je nešto što dođe prirodno i nikome nije nametnuta – dječaci najprije nauče neki zanat kako bi poslije mogli pronaći dobar posao, za razliku od tisuća nezaposlenih diplomiranih ljudi koji vegetiraju diljem Indije. Postoji veliki odjel za stolarstvo i prostorija za obučavanje majstora na modernim strojevima, europskim donacijama – nastavnici koje sam vidjela bili su mladi volonteri mirovnih snaga. Vani, u svjetovnoj odjeći – trapericama i slamnatom šeširu – fra James iz Australije nadgledao je vršidbu na traktoru s dvadesetak glasnih dječaka koji su se vozili s njim.

Dječaci žive u hostelima, jednostavnima, ali ugodnima i okruženima cvijećem za koje se sami brinu. Na zidovima zajedničke prostorije vise njihovi crteži, a vani na terasi privatni je zoološki vrt u vlasništvu hostela – uglavnom su to zečevi, kornjače i kanarinci.

„I što kažeš na sve ovo?" pitao me fra James dok je silazio s traktora.

„Dobro utrošen novac", odgovorila sam.

III.

Trebalo mi je mnogo vremena da otkrijem da hotel Bolgatty Palace zauzima samo najjužniji vrh dugoga, uskog otoka Bolgattyja. Ostatak, koji osoblje palače zove „van", zapravo je selo, drvene kolibe ispod lepršavih kokosovih palmi, male tamne trgovine od bambusa, crkva – i seoska škola.

Sanjiu, sin kuhara u palači, odveo me tamo. Čini se da nije običaj da stanovnici palače ulaze u „van" i dok smo hodali seoskom ulicom, skupina tamnopute djece okupila se iza mene. Stali smo na školskim vratima i predstavili me zbunjenom ravnatelju.

Svi su bili oduševljeni mojim razgledanjem, ravnatelj zato što mu je bila čast ugostiti nekoga iz Europe u svojoj skromnoj ustanovi, učiteljima zato što su bili sigurni da će me zadiviti svojom izvedbom nastave, a učenicima zato što sam bila puno zanimljivija od gradiva. Nastava se održavala na tri jezika – na malajalamskome, regionalnom jeziku, te na hindskome i engleskome, službenim jezicima u Indiji. To znači da desetogodišnjaci na neki način govore tri jezika – ako zanemarite pogreške i imate na umu da je engleski u Indiji zasebna varijanta jezika.

U najstarijem razredu učili su priču o Sohrabu i Rustumu, dinamična je to bila predstava za podučavanje, a išla je otprilike ovako:

Učitelj (čita iz čitanke): „Rustum je živio u zemlji zvanoj Perzija i bio je vrlo hrabar vojnik. Gdje je on živio?"

Razred (viče): „U Perziji!"

Učitelj: „Bio je toliko hrabar da su ga zvali štitom Perzije. Štitom, znate, kao kada se mačujete (mačuje se nevidljivim mačem) pa trebate štit. Rustum je bio toliko hrabar (i dalje se mačuje) da je bio kao štit. Što je on bio?

Pametni dječak: „Vrlo hrabar vojnik, gospodine."

Učitelj (nastavlja čitati): „Onda je upoznao *vrlo* lijepu damu. Koga je upoznao?"

Razred (viče): *Vrlo* lijepu damu!

Učitelj (sanjivo): Da, bila je mila kao labud i ljupka kao sjajna orhideja, a oči su joj bile poput Sunca. Što je ona bila?

Razred (viče u zanosu): *Vrlo* lijepa dama!

Bez sumnje, stanovnici Keralana su inteligentni ljudi.

Nakon škole pokazali su mi besplatan ručak koji se pripremao za najsiromašniju djecu čiji roditelji nisu djeci mogli priuštiti obrok. Jelo se krčkalo u golemim tavama i loncima na otvorenom ognjištu ispred škole, a maleni blagovatelji čekali su sjedeći prekriženih nogu u hodniku u dva dugačka reda okrenuti jedan prema drugima. Učitelji su išli duž reda i iz limenih posuda dijelili žgance i začinjeno povrće na lišću banana koje u južnoj Indiji služi kao tanjur.

Školski objed toj djeci svaki dan donira dobrotvorna organizacija iz SAD-a.

IV.

Stanovnici Elanjia nikada prije nisu vidjeli Europljanina. Stoga sam bila vrlo zanimljiva pojava. Od ranog bi se jutra male skupine okupljale ispred kuće da barem bace pogled na mene, uglavnom su to bila djeca, starija djeca nosila su mlađu na kukovima i počela bi glasno razgovarati i smješkati se čim bih se pojavila. Ako bi me pak tko vidio kako radim nešto „egzotično", poput pranja kose ili zuba, bio je to događaj dana.

Sve je bilo idilično u toj plavoj kući pod kokosovim stablima. Kupaonica je bila vani u šumi, a bio je to zapravo otvoreni pravokutni prostor – stajali ste na kamenu i tuširali se izravno vodom iz kante dok je veliki tropski Mjesec odozgo sjao na vas toliko jako da bi potreba za strujom značila uvredu. No za stanovnike život tamo i nije neka idila: žene provode cijele dane u pripremanju kompliciranih južnoindijskih jela bilo da paze na lonce u kojima se krčka hrana u primitivnim malim kuhinjama ili radišno usitnjavaju začine na kamenu kao što su to radili njihovi preci tisućama godina prije njih.

U međuvremenu se pročulo da je važna osoba iz Europe u selu pa sam nedugo zatim primila poziv da posjetim lokalnu srednju školu. Ravnatelju bi bilo drago da dođem i porazgovaram s učenicima. Taksi će me pokupiti u tri popodne.

U povodu tog događaja odjenula sam najelegantniju europsku opravu koju sam ponijela. U 3 i 15 taksi još nije stigao pa su mi domaćini rekli da nema druge nego da krenem pješice – jedna od djevojaka poći će sa mnom. Krenule smo poslušno u vrelo poslijepodne noseći veliki crni kišobran kako bi nas zaštitio od najgorega sunca jer je pred nama bio put dugačak dva kilometra kroz rižina polja.

Taksi se nakraju ipak pojavio, ali već smo obje bile okupane u znoju, a moja stopala prepuna žuljeva od neprimjerenih štikli. No uspjele smo sa stilom proći kroz školska vrata i poslušati ravnateljeve ozbiljne riječi dobrodošlice dok smo brisale znoj s čela. Otpratili su me do njegova ureda gdje me čekao fra P., župnik i predsjednik školskog vijeća. Fra P. obrisao je prašinu sa stolca svojim lijevim rukavom, zamolio me da sjednem i ponudio mi čašu vode. Ured je bio pretrpan u tradicionalno engleskome stilu: portretima, fotografijama, medaljama, srebrnim peharima i prašinom. Fra P. rekao je da se svi vesele mojem govoru. Malo me preplašila riječ „govor" pa sam uzvratila da nemam pojma o čemu ću govoriti. Zamislila sam formalnu raspravu s malom skupinom učenika, posebice zato što me vrijeme učinilo previše letargičnom da bih razmišljala o manirama u govoru.

„Što mislite što bih trebala reći?" upitala sam fra P.

Pripremanje obiteljskog objeda u Elanjiju, Kerala.

„Pa što god želite. Nije važno što ćete govoriti jer će vas ionako malo tko razumjeti. Ovdje se baš ne govori engleski. Samo govorite 15 minuta o čemu god želite."

Laknulo mi je. To me podsjetilo na priču o malajalamskom[22] svećeniku kojega su u Rimu zamolili da održi kratak govor na materinjem jeziku. Budući da je znao da baš nitko ne razumije malajalamski, samo je iznova ponavljao molitvu i zaradio dugotrajni pljesak na kraju. Možda bih mogla probati nešto slično.

„Ovaj, a pred koliko ću učenika govoriti?" upitala sam nervozno.

„Pa nekih dvjesto. I pedeset nastavnika."

Zazvonilo je zvono i vidjela sam gomilu djece kako se spušta prema golemom dvorištu.

„Jedva čekaju da vas vide", nastavio je fra P. „Većina nikada nije vidjela Europljanku. Hoćemo li poći?"

Mala je povorka došla do platforme s crvenim platnom; predvodio ju je fra P., a ja sam ga slijedila, dok je niz učitelja bio odstraga. Pokazali su mi masivan drveni naslonjač obložen crvenim svilenim jastucima, a ispred njega bio je stol s mikrofonom. S moje lijeve strane bio je fra P., s desne ravnatelj, a sa svih strana gusto zbijeni učenici, more tamnih lica – dječaci na lijevoj, a djevojčice na desnoj strani. Još nisam imala pojma što ću im reći pa me unatoč vrućini počeo oblijevati hladan znoj. Na stolu preda mnom stajao je poderani papirić na kojem je pisalo:

Program

1. Uvodni govor dobrodošlice ravnatelja Panikkara, G. A.
2. Govor gđice Mary Snell, magistrice struke, dodiplomski struke, Sveučilište u Münchenu.
3. Zahvala velečasnoga, školskog upravitelja.
4. Državna himna.

Počela sam drhtati. Učenici su, pasući oči na toj pojavi iz Europe, pljeskali i navijali, neki su postali histerični od entuzijazma. Za to vrijeme skupina učitelja pokušavala je uvesti red među djecom. Dali su znak da ceremonija može početi.

---

[22] *Malajalamski*, jezik kojim se govori u Indiji, najviše u saveznoj državi Kerali. Procjenjuje se da njime govori 33 milijuna ljudi.

153

Izrečen mi je vrlo dostojanstven govor dobrodošlice na malajalamskome, ja nisam razumjela ni riječi, a ravnatelj mi je gestikulirao da nastavim. Ustala sam. Proširilo se utišavanje i tišina puna iščekivanja. Zatim, potpuno svjesna da me nitko neće razumjeti, izmislila sam najveću besmislicu koju sam se ikada usudila izreći u javnosti, počela sam s nepovezanim nizom otrcanih fraza koje sam naučila od Ionesca, a nastavila s predsjedničkim izborima u zapadnoj Njemačkoj. Tada je fra P. ustao i usred burnog pljeska, preveo sve što sam rekla na malajalamski.

Postala sam svjesna komarca koji mi je zlokobno zujao kraj nosa i jednako tako iščezla je svaka nada da moj govor neće proći u potpunom nerazumijevanju. Uz golem sam napor skupila svoju moć improvizacije i nastavila ovako: „I naposljetku, dame i gospodo, moram vam zahvaliti na ovoj prilici da izrazim svoju veliku ljubav i divljenje prema vašoj zemlji, veličanstvenoj kulturi i duhovnoj veličini Indije. A najvredniji dragulj ove prekrasne zemlje zasigurno je tropski raj Kerala, čiji blagi nasadi palmi i spokojne planinske doline liječe izmučenu dušu čovjeka dvadesetoga stoljeća. Posjetila sam mnoge zemlje diljem svijeta, ali nigdje me nisu dočekali s toliko spontane gostoljubivosti kao u Indiji. Nikada neću zaboraviti kako su mi čak i potpuni neznanci pomagali ili široke osmijehe ljudi koji su me primili u svoje domove. Rekavši to, pokušat ću proširiti gostoljubivost i prijateljstvo iz Europe natrag vama. Možda najbolje mogu izraziti ono što želim reći riječima predsjednika Radhakrishnana: 'Susret istoka i zapada mogao bi potaknuti duhovnu renesansu i svjetsku zajednicu koja se danas pokušava izboriti za svoje rođenje'".

Fra P. preveo je moje riječi na malajalamski i publika je planula u zaluđene, ekstatične povike. Budući da mi se domišljatost istrošila, a znala sam da bi sve što kažem bilo tužan retorički antiklimaks koji bi svećenik kraj mene revno preveo da svi čuju, najavila sam da će mi biti drago odgovoriti na pitanja. Nastala je neugodna stanka dok sam pokušavala otjerati komarca s nosa što je nonšalantnije moguće. Učitelj je spasio stvar upitavši koliko učenika podučavam. Odgovorila sam tri stotine po semestru i nastala je još jedna stanka.

Učenik otraga iz gomile dignuo je ruku. „Kako se zovete?" pitao je.

Vidjela sam da se nitko ne smije i da se ovo smatra vrlo ozbiljnim pitanjem, pomislila sam da je bolje da odgovorim na njega.

„Mary Snell", odgovorila sam.

Zatim sam se nervozno zapitala hoću li proći mukotrpni katalog pitanja s kojima sam se dosad susrela u Kerali. Kako se zovete? Koliko godina imate? Koliko braće i sestara imate? Koliko zarađujete? Koliko godina ima vaša majka? – i, što je najgore, svi ti intimni detalji prenosit će se javnosti putem mikrofona... No u spas mi je stigao jedan učitelj koji me zamolio da otpjevam njemačku pjesmicu. Uslijedio je oduševljeni pljesak mnoštva. Odgovorila sam da će mi biti zadovoljstvo, ali pod uvjetom da fotografiram publiku kao suvenir ovog događaja za pamćenje. Potom još klicanja. Škljocnula sam u svim smjerovima, prinijela usta mikrofonu poput pop-idola i zapjevala njemačku narodnu pjesmu. Uslijedilo je histerično uzvikivanje. Fra P. koji je pristojno pljeskao zatražio je da kažem ponešto na različitim europskim jezicima: opet sam ga sa zadovoljstvom poslušala i rekla „Dobra večer", „Doviđenja" i „Kiši" na francuskome, talijanskome, španjolskome, njemačkome i ruskome. Da bi uzvratili komplimente, na pozornicu su došli dječak i djevojčica iz gomile i otpjevali nekoliko malajalamskih narodnih pjesama i otplesali neke tradicionalne hinduističke plesove. Onda su me pitali jesam li slučajno naučila išta malajalamskog. Pukim sam slučajem naučila uspavanku kada sam bila u posjetu osnovnoj školi dan prije pa su me zamolili da je izrecitiram. Laknulo mi je što je formalna ozbiljnost mog posjeta prešla u apsurd pa sam napokon prislonila usta na mikrofon i osjećajući se kao dijete na poduci dikcije počela:

Kunjitata pogille	(Papigice, nemoj odletjeti,
Kunjitattil palille	imam zdjelu mlijeka
Kunjigavilaban ganille	i tanjur riže –
Kunjitata mindille	papigice, ostani ovdje!)

Entuzijazam mi je malčice splasnuo kada ovo postignuće nije naišlo na pljesak koji sam očekivala nego na zbunjenu tišinu. Činilo se da me nitko nije razumio pa mi je ravnatelj došao u pomoć i preveo uspavanku na malajalamski s boljim izgovorom učinivši je time razumljivijom. I gomila je podivljala od oduševljenja.

Publika u školi u Elanjiju: prvo dječaci –

– pa djevojčice.

Konačan doprinos tom danu dala je zahvala fra P. na vrlo točnom engleskom koju dakako nitko osim mene nije razumio. Zahvala je obilovala laskanjem i bila je vrlo retorična te puna ponavljanja. „Zaista možemo reći", zaključio je, „da je gđica Snell plesala kako mi sviramo. Zamolili smo je da govori, i ona je govorila. Zamolili smo je da pjeva, i ona je pjevala. Zamolili smo je da govori na različitim jezicima – i to je učinila. Svojim jasnim načinom govora, razumijevanjem naših potreba i svojom sposobnošću da nam prenese misli koje su našim ušima strane imamo razloga naglasiti da ona nije samo dobrodošla gošća nego i sjajna govornica i sjajna edukatorica."

Nakon ceremonije vratili smo se u ravnateljev ured gdje su mi dali kavu i banane.

„Bio je ovo velik uspjeh, znate", rekao je fra P. „Morate doći opet i održati još jedan govor – možda biste nam čak mogli odsvirati nešto na klaviru."

Odlučili smo hodati natrag kroz rižina polja. Približavao se zalazak Sunca, vrijeme kada se pakleni ekvatorski dan pretvara u božansku ekvatorsku večer, ptice su se budile u grmlju, a miris jasmina parao je zrak. Slijedila nas je manja skupina djece čija znatiželja još nije bila zadovoljena. Jedno od njih dotrčalo je do mene, dalo mi golem ananas i otrčalo natrag do svojih prijatelja. Orač je marljivo vodio svog vola preko polja koja su postajala mračna dok su kokosove palme iza njega postajale kuštrave sjene ispred vatrena neba.

Rječnik

ajah	indijska dadilja ili služavka
bakšiš	napojnica, rabi se na Orijentu
Bandjar	balijski seoski parlament ili komuna
beduin	nomadski pustinjski Arapin
brahman	član hinduističke svećeničke kaste
burgher	osoba euroazijskog podrijetla na Cejlonu (Šri Lanki)
chapati	ravna palačinka u sjevernoj Indiji
Chellah	staro groblje u Maroku
cheongsam	uska kineska haljina s prorezima do koljena
coolly	indijski ili kineski najamni radnik
dagaba	budistički hram
dhobi	indijska domorodačka pralja
dhoti	odjeća za donji dio tijela koju nose Indijci
dirham	marokanska valuta
đelaba	jednostavna marokanska halja koja se nosi preko druge odjeće
frankopanka	biljka, lat. *Plumerium*
gamelan	balijski domorodački orkestar
hindski	jezik u Indiji
hindustanski	dijalekt hindija koji se govori u New Delhiju, indijski *lingua franca*
hookah	arapska lula
istana	zgrade i zemljište palače malajskih sultana
joss-stick	kineski štapić od mirisna drveta
kazba	marokanska feudalna utvrda

kus-kus	jelo u Maroku
liči	bijelo kinesko voće
malajalamski	regionalni jezik u indijskoj Kerali
mando	portugalska glazba nalik valceru
medresa	stara islamska škola
medina	stari dio marokanskih gradova
merdeka	(doslovno sloboda), malezijski Dan neovisnosti
merusa	toranj nalik na pagodu uz balijske hramove
puja	hinduistički religijski obred
Ramayana	indijski drevni ep
rikša	laka dvokolica koju vuče čovjek
rupija	indijska valuta
sari	indijska ženska tradicionalna odjeća
sarong	dugačak komad pamuka ili svile povezan u struku, nose ga oba spola u Indoneziji i na Cejlonu
satai	jelo u Indoneziji, komadići mesa s roštilja u umaku od čilija
Sikhi	članovi hindske zajednice osnovane kao monoteistička sekta oko 1500. u sjevernoj Indiji
sokak	arapska natkrivena tržnica
šiš-kebab	arapsko jelo od mesa koje se peče na ražnju i jede s pikantnim umakom
tamilski	jezik naroda koji danas pretežito živi u državi Madras
tonga	lagano vozilo na dva kotača koje vuku konji u južnoj Indiji
tong-tong	drveni instrument koji najavljuje početak ceremonije u balijskim hramovima
topi	bijeli šešir koji se nosi radi zaštite od sunca u tropskim zemljama
urdski	jezik muslimana u sjevernoj Indiji i Pakistanu
vihara	budistički hram

* *bearer, patio* su izostavljeni jer pretpostavljam da će ih kolege prevesti
** *liči, kus-kus, rikša, rupija, sokak, šiš-kebab i tamilski* prevedeni su budući da postoje u hrvatskom jeziku